『資本論』を読むための年表

世界と日本の資本主義発達史

友寄英隆 著

― 『資本論』初版150年 ―

学習の友社

はじめに

　『資本論』は、現代の資本主義経済の仕組み（経済構造や経済法則）を学ぶためには、欠かすことのできない科学的社会主義の古典中の古典です。

　『資本論』を読むことは、ただ経済学を学ぶためだけでなく、法学や政治学、社会学などの社会科学はもちろん、自然科学や哲学、人文科学、文学や芸術を学ぶ人たちにとっても、人生の大きな知的財産になります。多くの人が、一生に一度は『資本論』を読んでみたいと考えるのは、そのためです。

　とはいえ、『資本論』は、推理小説や恋愛小説を読むように、一晩で簡単にスイスイと読み終えるというようなものではありません。『資本論』は、全3巻、新書判で全13冊、第Ⅰ巻だけでも1,300ページ、第Ⅲ巻まで読むには3,700ページを超える長大な書物です。『資本論』を読み始めても、最後まで読み通すためには、それなりの決意と計画、粘り強い努力と根気が必要です。

　『資本論』を読んでいるときに、誰でも考えることは、『資本論』が研究の対象としている資本主義的生産様式の歴史、世界と日本の資本主義発達史についての基礎的な知識がほしいということです。本書は、こうした願いに応えるために執筆したものです。

　本書に収めた四つの年表は、『資本論』を読みながら、資本主義の歴史的な発展を大づかみに頭に描いておけるように作成してあります。いわば『資本論』を読むのに役立つように工夫してある、『資本論』を読むための年表、『資本論』の理解を深めるための年表です。

※　　※　　※　　※

　本書は、基本的には『資本論』をまだ読んだことはないが、これから読もうと決意している方々を念頭に置いています。しかし、すでに『資本論』を読んだことがある方、第Ⅲ巻まではまだ読んでいないが第Ⅰ巻は読んだことがある方、第Ⅲ巻までしっかり読んだ方、などさまざまな方々にも、役に立つのではないかと思います。むしろ、すでに『資本論』の読書会に参加して第Ⅰ巻を読んだ経験があるという方、しかしなかなか内容は理解できなかったのであらためて挑戦してみたいというような方にとって、本書は、より参考になるのではないか、と思います。そういう方々をも念頭に置いて、本書では、かなり突っ込んだ理論問題にかかわる論点もとりあげてあります。

　また本書では、直接『資本論』の関連個所を自分で読んでいただけるように、『資本論』からの引用をたくさんおこなってあります。

　いずれにしても本書の歴史年表は、『資本論』を深く読む助けになるようにとの思いで作成したものなので、『資本論』を読みながら必要に応じて参照し、

読者のみなさんが自由に使い勝手のよい年表に加工しながら活用していただきたいと願っています。

2017年は、マルクスが『資本論』初版を出版した1867年から数えて150周年にあたります。また、レーニンが『帝国主義論』を出版した1917年から数えて100周年にあたります。この記念すべき年に、本書が『資本論』を学ぶ人にとって少しでもお役に立つことができれば幸いです。

※　　※　　※　　※

本書に収めた年表の特徴については、後にそれぞれの年表を解説した各章のなかで詳しく説明するので、そこを読んでいただきたいのですが、年表の利用の仕方について、あらかじめ共通する留意点を述べておきます。

（1）　本書に収められている年表は、もともとは筆者が『資本論』を読んでいくなかで、『資本論』の理解を深める目的で、自分のために作成したものなので、その目的にそってかなり限定された内容になっています。どんな目的にでも利用できる「歴史年表」としては、不足していることも多々あるのではないかと思います。いわば年表という形をとった『資本論』の解説書、入門書といってもよいでしょう。その意味では、他の解説書と同じように、この年表には、筆者の『資本論』の読み方、『資本論』の理解の仕方が反映しています。

（2）　これらの年表は、ただ年代順に歴史的事件を記録してある、普通の意味の「歴史年表」ではありません。「歴史の流れ」が全体的に一覧できるように一枚のシートに描いてある「歴史の流れの概観図」、いわば「資本主義の歴史のチャート（＝海図）」です。ですから、本書の年表を見るさいには、個々の事項を読むだけでなく、それらの前後、上下の関係に注意して、できるだけ「歴史の流れ」の全体をつかむようにしてください。

（3）　これらの年表は、歴史の流れが一覧できるように一枚のシートに数百年間の歴史を収めてあります。そのために、限られた主要な事項だけしか書き込んでありません。年表に書き入れてない事項などを自分用に新たに追加してもよいでしょう。また、『資本論』の本文やその解説書を読みながら、字句や文章に棒線を引いたり、欄外にメモを書いたりするのと同じように、この年表にも棒線や書き込みを入れたりしてもよいでしょう。

（4）　本書には、『資本論』を読むための資本主義発達史の歴史年表とともに、【年表Ⅲ】として、現代資本主義の年表（20世紀末〜21世紀初頭の世界と日本）も追加しておきました。さまざまな事件が次つぎと起こる現在進行形の資本主義を歴史的にとらえることは、たいへん難しい理論的な研究課題なのですが、『資本論』を読もうと思う人なら、誰でも関心があることでしょう。【年表Ⅲ】は、『資本論』を読みながら、その理論的な視点で、われわれが生きている「同時代の資本主義」について考えるための参考にしていただきたいと思います。

はじめに　3

(5) 最後に収めた【年表Ⅳ】は、マルクスとエンゲルスの『資本論』を中心とする理論的文献がどのように執筆、編集、公刊されてきたか、その全体的な経過を一枚のシートのなかに描いたものです。これは、第4章の解説と合わせて、マルクス、エンゲルスの文献を読むさいの参考にしていただければと思います。

※　※　※　※

《年表の拡大判、縮小判の作成について》

(1) 【年表Ⅰ】と【年表Ⅳ】は、どちらも本書の見開きページ（A3判）に収まるように作成してあります。そのために、いずれもかなり文字が小さくなっています。もし、大きな文字で見たいと思われる場合は、年表の左ページと右ページをそれぞれA3紙（あるいはB4紙）に拡大コピーして、それらを結合すると、全体が2倍のA2判（あるいはB2判）に拡大できます。

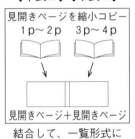

(2) 【年表Ⅱ】と【年表Ⅲ】は、どちらも4ページ（見開きページ×2）に収めてあります。これらを、連続した一覧できる年表にしたい場合は、A3判の見開きページをB4紙（あるいはA4紙）に縮小コピーして結合すると、一枚の一覧形式にして見ることができます（文字は、かなり小さくなります）。

《引用について》

(1) 本書における『資本論』からの引用は、とくに断らない限り、新日本出版社発行の新日本新書判の分冊巻数を①②……で表し、その分冊巻のページをあげてあります。

(2) また、『資本論』の他の邦訳書を利用する場合のために、該当するドイツ語原書（ディーツ社の全集版『資本論』）のページをあげてあります。

(3) 『資本論草稿集』からの引用は、大月書店発行の邦訳版の分冊巻数を①②……で表し、その分冊巻のページをあげてあります。

(4) 『共産党宣言』など、マルクス、エンゲルスの主要な著作からの引用は、入手しやすい「国民文庫」（大月書店）や「新日本文庫」（新日本出版社）などのページをあげてあります。

『資本論』全3巻の構成

（全17篇、全98章の目次、各章のページ数）※ページ数は、新日本出版社・新書版による

第Ⅰ巻　資本の生産過程

			全7篇 全25章	1315
			章の数	ページ数
序文				50
	初版	序言〔初版への〕　　　　　（マルクス）		8
	第2版	あと書き〔第二版への〕　　（マルクス）		16
	仏語版	〔フランス版への序言とあと書き〕（マルクス）		3
	第3版	第三版へ　　　　　　　　　（エンゲルス）		5
	英語版	編集者の序言〔英語版への〕（エンゲルス）		7
	第4版	第四版へ　　　　　　　　　（エンゲルス）		11
第一篇	商品と貨幣		3	190
	第1章	商品		85
	第2章	交換過程		16
	第3章	貨幣または商品流通		89
第二篇	貨幣の資本への転化		1	54
	第4章	貨幣の資本への転化		54
第三篇	絶対的剰余価値の生産		5	241
	第5章	労働過程と価値増殖過程		37
	第6章	不変資本と可変資本		20
	第7章	剰余価値率		32
	第8章	労働日		136
	第9章	剰余価値の率と総量		16
第四篇	相対的剰余価値の生産		4	326
	第10章	相対的剰余価値の概念		16
	第11章	協業		24
	第12章	分業とマニュファクチュア		58
	第13章	機械設備と大工業		228
第五篇	絶対的および相対的剰余価値の生産		4	43
	第14章	絶対的および相対的剰余価値		18
	第15章	労働力の価値と剰余価値との大きさの変動		18
	第16章	剰余価値率を表わす種々の定式		7
第六篇	労賃		3	52
	第17章	労働力の価値または価格の労賃への転化		14
	第18章	時間賃銀		14
	第19章	出来高賃銀		15
	第20章	労賃の国民的相違		9
第七篇	資本の蓄積過程		5	359
	第21章	単純再生産　〔篇全体のまえがき　3pあり〕		26
	第22章	剰余価値の資本への転化		60
	第23章	資本主義的蓄積の一般的法則		168
	第24章	いわゆる本源的蓄積		87
	第25章	近代的植民理論		18

第Ⅱ巻　資本の流通過程

			全3篇 全21章	841
序文				35
	初版	序言		34
	第2版	第二版への序言		1
第一篇	資本の諸変態とそれらの循環		6	194
	第1章	貨幣資本の循環		55
	第2章	生産資本の循環		37
	第3章	商品資本の循環		21
	第4章	循環過程の三つの図式		33
	第5章	通流時間		11
	第6章	流通費		37
第二篇	資本の回転		11	316
	第7章	回転時間と回転数		6
	第8章	固定資本と流動資本		41
	第9章	前貸資本の総回転。回転循環		11
	第10章	固定資本と流動資本とにかんする諸学説。重農主義者とアダム・スミス		42
	第11章	固定資本と流動資本とにかんする諸学説。リカードウ		21
	第12章	労働期間		16
	第13章	生産時間		17
	第14章	通流時間		13
	第15章	資本前貸の大きさにおよぼす回転時間の影響		59
	第16章	可変資本の回転		39
	第17章	剰余価値の流通		51
第三篇	社会的総資本の再生産と流通		4	296
	第18章	緒論		13
	第19章	対象についての従来の諸叙述		56
	第20章	単純再生産		167
	第21章	蓄積と拡大再生産		60

第Ⅲ巻　資本主義的生産の総過程

			全7篇 全52章	1577
			章の数	ページ数
序言				37
	序言			37
第一篇	剰余価値の利潤への転化、および剰余価値率の利潤率への転化		7	201
	第1章	費用価格と利潤		24
	第2章	利潤率		12
	第3章	利潤率の剰余価値率にたいする関係		39
	第4章	利潤率にたいする回転の影響		12
	第5章	不変資本の使用における節約		49
	第6章	価格変動の影響		59
	第7章	補遺		6
第二篇	利潤の平均利潤への転化		5	114
	第8章	異なる生産諸部門における資本の構成の相違とその結果生じる利潤率の相違		21
	第9章	一般的利潤率（平均利潤率）の形成と商品価値の生産価格への転化		28
	第10章	競争による一般的利潤率の均等化。市場価格と市場価値。超過利潤		46
	第11章	生産価格にたいする労賃の一般的変動の影響		9
	第12章	補遺		10
第三篇	利潤率の傾向的下落の法則		3	94
	第13章	この法則そのもの		35
	第14章	反対に作用する諸原因		15
	第15章	この法則の内的諸矛盾の展開		44
第四篇	商品資本および貨幣資本の商品取引資本および貨幣取引資本への（商人資本への）転化		5	115
	第16章	商品取引資本		22
	第17章	商業利潤		35
	第18章	商人資本の回転		20
	第19章	貨幣取引資本		13
	第20章	商人資本にかんする歴史的概要		25
第五篇	利子と企業者利得への利潤の分裂。利子生み資本		16	504
	第21章	利子生み資本		34
	第22章	利潤の分割、利率、利率の「自然」率		21
	第23章	利子と企業者利得		37
	第24章	利子生み資本の形態での資本関係の外面化		17
	第25章	信用と架空資本		34
	第26章	貨幣資本の蓄積。それが利率におよぼす影響		40
	第27章	資本主義的生産における信用の役割		13
	第28章	流通手段と資本。トゥックとフラートンとの見解		32
	第29章	銀行資本の構成諸部分		21
	第30章	貨幣資本と現実資本　Ⅰ		33
	第31章	貨幣資本と現実資本　Ⅱ（続き）		18
	第32章	貨幣資本と現実資本　Ⅲ（終わり）		27
	第33章	信用制度下の通流手段		51
	第34章	"通貨主義"と1844年の銀行立法		35
	第35章	貴金属と為替立法		50
	第36章	資本主義以前		41
第六篇	超過利潤の地代への転化		11	346
	第37章	緒論		48
	第38章	差額地代──概説		15
	第39章	差額地代の第一形態（差額地代Ⅰ）		43
	第40章	差額地代の第二形態（差額地代Ⅱ）		21
	第41章	差額地代Ⅱ──第一例　生産価格が不変な場合		13
	第42章	差額地代Ⅱ──第二例　生産価格が下落する場合		27
	第43章	差額地代Ⅱ──第三例　生産価格が高騰する場合。諸結果		44
	第44章	最劣等耕地にも生じる差額地代		17
	第45章	絶対地代		42
	第46章	建築地代。鉱山地代。土地価格		16
	第47章	資本主義的地代の創生記		60
第七篇	諸収入とその諸源泉		5	128
	第48章	三位一体的定式		33
	第49章	生産過程の分析によせて		35
	第50章	競争の概観		43
	第51章	分配諸関係と生産諸関係		14
	第52章	諸階級		3
『資本論』第3部への補足と補遺（エンゲルス）				38
		1	価値法則と利潤率	33
		2	取引所	5

はじめに　5

『資本論』を読むための年表　世界と日本の資本主義発達史
目次

はじめに　2

　《年表の拡大判、縮小判の作成について》《引用について》　4

　【資料】『資本論』全3巻の構成　5

　（参考）『資本論』と資本主義の歴史──『資本論』の理論的方法について　10

序　章　資本主義発達史の年表を作成する ──────── 12

　《『資本論』を読むために、自家製の年表を作成する》　12

　　⑴　唯物史観の立場から、歴史の流れをとらえる　13

　　⑵　資本主義のもとで「生産力の発展と生産関係との矛盾」が拡大する　14

　　⑶　経済的事項は、三大経済範疇（三大階級）を基準に整理する　14

　　⑷　経済的土台の歴史だけでなく、階級闘争の歴史を重視する　16

　【引用】マルクス『経済学批判』（1859年）の「序言」の唯物史観の定式　17

第1章　世界の資本主義の生成と発展の歴史

【年表Ⅰ】世界の資本主義の生成と発展（経済的土台と上部構造）　18

　《【年表Ⅰ】は、『資本論』のキーワードをもとにチャート風に描いてある》　20

　1　資本主義はいつから始まったのか　21

　2　商品生産の発展。世界市場の形成　22

　3　貨幣制度（金本位制）と信用制度（信用貨幣）の発展　23

　4　本源的蓄積の時代。その本質的意味　24

　5　マニュファクチュアの時代。「労働革命」と技術的限界　26

　6　産業革命。機械制大工業と生産力の発展　27

　7　資本主義的搾取制度の秘密。他の社会の搾取制度との種差　28

　　●資本主義的搾取の種差（1）──資本は、労働生産物の生産をつうじて搾取する　29

　　●資本主義的搾取の種差（2）──資本の搾取欲は、無制限で、限度がない　29

　　●資本主義的搾取の種差（3）──過去の搾取のタイプと結合すると最悪の搾取になる　30

　　●資本主義的搾取の種差（4）──流通過程での「労働力商品の売買」、労賃（賃金）という形態は、資本主義的搾取の本質を隠蔽する　31

●資本主義的搾取の種差（5）——どれだけ搾取されているのか、実態が目に見えない　32

●資本主義的搾取の種差（6）——資本は、競争によって搾取強化を強いられる　32

●資本主義的搾取の種差（7）——生産力の発展が、搾取強化（搾取量の増大）をもたらす　33

8　「手工業の原理」から「機械工業の原理」への転換　35

9　資本主義的生産様式に特有な「資本蓄積＝拡大再生産」の仕組み　36

10　産業資本主義と労働者状態、失業と貧困、労働者家族と暮らし　37

11　労働者の闘いと工場法の発展、その意義　39

12　資本主義の発展と文化・思想　41

《スポーツ——イギリスで近代スポーツ誕生》《音楽——ストラディバリウスとピアノ》

《美術——ミレーの晩鐘》《文学——シェイクスピア》《哲学——ヘーゲル》

《経済学の革命と科学的社会主義》

13　土地所有者・資本家・賃労働者。三大階級の闘い　45

14　世界恐慌の歴史　47

15　資本主義的蓄積の歴史的傾向　48

（補足）奴隷制度について　50

第2章　日本資本主義発達史の165年を年表でみる

【年表Ⅱ】日本資本主義発達史の165年（1850〜2015）　52

《日本資本主義発達史の年表をつくる》　56

⑴　日本資本主義の発達史を、戦前、戦後でバラバラにとらえない　56

⑵　唯物史観の立場から日本資本主義の歴史を考える　57

⑶　「経済」の欄は、三大範疇（土地所有・資本・賃労働）を軸に構成する　58

1　「戦前の日本資本主義」の特徴　58

《明治維新と日本資本主義の生成》　59

《明治維新と日本における「本源的蓄積」の時代》　60

《日本におけるマニュファクチュアの発展》　61

《日本における産業革命》　62

《産業資本主義の確立と独占資本主義への転化》　62

《絶対主義的天皇制と半封建的地主制のもとでの勤労者・国民の状態》　63

《世界史的な科学的社会主義の創成期と戦前日本の階級闘争》　64

《日本帝国主義の侵略戦争と植民地支配》　65

2　敗戦から「戦後改革」へ　65

3　戦後の日本資本主義の発展の特徴　67

4　戦後史のなかでの沖縄　68

5 戦後日本資本主義の「景気循環」の特徴　69

6 日本資本主義の経済的矛盾は、幾重にも層をなして重なっている　71

7 国民の闘いこそが、社会発展の基本動因　72

8 日本資本主義は「第三の歴史的変革期」に入っている　73

第3章　20世紀末〜21世紀初頭の資本主義

【年表Ⅲ】20世紀末〜21世紀初頭の資本主義（世界と日本）　76

《【年表Ⅲ】は、同時代史として作成する》　80

世　界　81

1 自然・環境。科学・技術、生産力（「資本の生産力」）の発展　81

　⑴ ICT革命の展開、その意義　82

　⑵ 核兵器廃絶と地球温暖化阻止をめざしての歴史的前進　83

2 資本・再生産・国家　84

　⑴ 資本活動の多国籍企業化と再生産構造の変化　84

　⑵ グローバリゼーション ── 生産と資本の集積・集中と群立・拡散の法則　85

　⑶ 資本主義の金融化（「金融資本主義」の傾向）　86

　⑷ 新たな国家論の課題 ── 移行期における国家の役割の再定義　86

3 労働者階級・家族・男女・人口問題　87

　⑴ 「生産の社会化」と労働者階級の運動の新たな条件　87

　⑵ 家族。女性とジェンダー平等。人口問題、リプロダクティブ・ヘルス／ライツ　88

4 イデオロギー ──「新自由主義」潮流の世界的興隆とその限界　89

　⑴ 「新自由主義」イデオロギーの基本的特徴　89

　⑵ 「新自由主義」イデオロギーの経済的基盤　90

　⑶ 2008／09年の金融危機以後のブルジョア・イデオロギー　91

　⑷ 新しい変化の兆候 ──2015年／16年ごろからの変化　91

5 アメリカ帝国主義の世界戦略の矛盾の拡大　92

6 小括 ── 新たな世界史的な「移行」の時代へ向かう「過渡的な時期」　93

日　本　95

1 【経済】「いわゆる《失われた20年》」の時代の意味　95

　⑴ 「いわゆる《失われた20年》」の実態 ──「GDP」分析から「資本」分析へ　95

　⑵ 二重の意味で転換期に入った戦後日本資本主義　97

2 【政治】激しい政治的変動の時代　97

　⑴ 選挙制度の改悪と自民党政治の延命　97

⑵　民意を反映しない安倍政権の「選挙勝利」　98

3　【イデオロギー】「新自由主義改革」が強行されてきた時代　98

第4章　マルクスとエンゲルスは、『資本論』をどのように執筆・編集し、いつどのように公刊されてきたか

【年表Ⅳ】マルクスとエンゲルスは『資本論』をどのように執筆し、編集・出版したか　102

《【年表Ⅳ】では、マルクスとエンゲルスの理論活動、その文献を全体的に概観する》　104

1　マルクスとエンゲルスの生涯と理論活動、『資本論』の執筆・出版　104

⑴　マルクスとエンゲルスの生涯、膨大な量の「往復書簡」　104

⑵　初期の理論活動　105

⑶　『資本論』とマルクスの経済学研究（「資本論草稿」）　106

⑷　理論体系の基本は書き上げてあった。エンゲルスが編集して出版　106

2　20世紀——マルクス、エンゲルスの遺稿の公刊、旧 MEGA、Werke（ヴェルケ）版全集　107

3　20世紀から21世紀へ——新 MEGA（メガ）の刊行が続く　109

⑴　「新メガ」とは何か　109

⑵　「新メガ」の四つの部門　110

⑶　「新メガ」第Ⅱ部門＝「『資本論』とその準備労作」　111

⑷　ソ連、東独の崩壊後、国際的事業となった「新メガ」　112

（コラム1）「新メガ」の刊行状況の最新情報　109

（コラム2）「新メガ」の原本を入手する方法　110

あとがき——『資本論』を深く読むために　113

用語解説　項目一覧

野呂栄太郎（p12）／経済的土台・上部構造（p13）／ICT 革命（p14）／「列島改造」（p15）／階級構成（p16）／毛織物工業（p21）／大航海時代（p21）／信用制度（p23）／マネーストック（p23）／奴隷、農奴、自営農民（p25）／徳川吉宗（p29）／G－W－G'（p30）／ドナウ諸侯国（p32）／指数関数（p37）／ジャガノート、ヘファイストス、プロメテウス（p38）／工場監督官（p39）／工場法（p39）／南北戦争（p45）／宗教改革（p46）／リヴァプール（p50）／ペリー（p59）／「日本資本主義発達史講座」（p60）／細井和喜蔵（p64）／「北斗七星」（p64）／「ウサギ小屋」（p68）／ドル・ショック（p68）／普天間基地（p69）／人口置換水準（p72）／ICT 化と労働条件悪化（p83）／生命倫理（p83）／新しい国家資本主義（p87）／労働の社会化、生産の社会化（p88）／ジェンダー（p88）／オールド・ケインジアン、ニュー・ケインジアン（p91）／新自由主義的新古典派（p91）／軍産複合体（p92）／日米「構造協議」（p100）／金融ビッグバン（p100）／貨幣数量説（p101）／カウツキー（p107）／リャザーノフ（p108）

（参考）『資本論』と資本主義の歴史 ──『資本論』の理論的方法について

本書では、『資本論』のなかに出てくる歴史的叙述を積極的に引用し、また必ずしも『資本論』には出てこない歴史的事実を追加・補足しながら歴史年表を作成してあります。本書の各章も、そうした立場から『資本論』の内容を参照しながら、世界と日本の資本主義発達史についての説明をしてあります。

しかし、『資本論』そのものは、けっして歴史的に資本主義発達史を叙述したものではありません。そこで、『資本論』の理論的方法についての誤解を招かないように、『資本論』の論理的展開と歴史的叙述の関係について、あらかじめ注意点を述べておきたいと思います。

《資本主義の理論的研究》

第一に、『資本論』は、資本主義的生産様式および資本主義社会の生産関係と経済法則を理論的に解明することを目的としており、資本主義の歴史を叙述する目的で書かれたものではありません。ですから『資本論』は、資本主義の歴史過程 ── その生成・発展・没落の歴史 ── そのものを描いたものではありません。マルクスは、資本主義社会における経済学的諸範疇と歴史的過程との関連について、次のように述べています。

「経済学的諸範疇を、それらが歴史的に基底的な範疇であったそのとおりに並べるということは、実行できないことであろうし、また誤りであろう。むしろ、それらの序列は、それらが近代ブルジョア社会で相互にたいしてもっている関連によって規定されているのであって、この関連は、諸範疇の自然的序列として現われるものや、歴史的発展の順位に照応するものとは、ちょうど反対である」（「経済学批判要綱」への

「序説」、大月書店『資本論草稿集』①、61ページ）。

またマルクスは、『資本論』第Ⅲ巻第七篇第48章「三位一体定式」のなかでは、次のようにも述べています。

「競争の現実の運動はわれわれのプランの範囲外にあるのであり、われわれはただ、資本主義的生産様式の内部組織のみを、いわばその理念的平均において、叙述すべきだからである」（⑬、1454ページ。原書、839ページ）。

こうした立場から、『資本論』は、資本主義的生産様式と資本主義社会の確立した状態を前提として、その理論的な内部構成と経済法則を「いわばその理念的平均において」分析し、その経済的諸範疇の論理的な関連の順序にそって理論体系が展開されています。いいかえれば、『資本論』は、資本主義の理想的で平均的な状態を前提として理論展開がすすめられています。『資本論』を読むさいには、なによりもまず、経済的諸範疇の意味と相互の論理的関連を理解することが大事です。

《歴史的存在としての資本主義》

第二に、しかし『資本論』は、現実の歴史と切り離された「純粋資本主義」のモデルを抽象的（先験的）に想定して書かれているわけではありません。マルクスは、資本主義的生産様式と経済法則が生成するための歴史的過程を重視し、『資本論』のなかで歴史的分析をたびたびおこなっています。マルクスは、『資本論』における論理的分析と歴史的分析との接点について、次のように述べています。

「ブルジョア経済の諸法則を展開するためには、生産諸関係の現実の歴史を記述す

る必要はない。とはいえ、この生産諸関係を、それ自体歴史的に生成した諸関係として正しく観察し演繹するならば、それはつねに、この体制の背後にある過去を指し示すような、最初の諸方程式——例えてみれば自然科学における経験的諸数値のようなもの——に到達するのである」。「われわれの方法は、歴史的考察がはいってこなければならない諸地点を、言い換えれば、生産過程のたんに歴史的な姿態にすぎないブルジョア経済が自己を越えてそれ以前の歴史的な生産諸様式を指し示すにいたる諸地点を、示している」。「資本の生成を表現する諸条件は、資本が前提となっている生産様式の圏域に属するのではなくて、資本生成の歴史的な先行段階として資本の背後にある」（「経済学批判要綱」、大月書店『資本論草稿集』②、100ページ）。

ここでマルクスは、少し回りくどい言い方をしていますが、要するに、『資本論』は、試験管のなかで培養したような「純粋資本主義」モデルの抽象的で非歴史的な理論体系ではないということです。上述の引用部分でマルクスの言う「歴史的考察がはいってこなければならない諸地点」では、マルクスは積極的に歴史的分析をおこなっています。そうした「地点」では、たとえば「いわゆる本源的蓄積」のように、「歴史的考察」が不可欠になるからです。では、なぜ「本源的蓄積」では、「歴史的考察」が必要になるのか？　——マルクスは、それを次のように説明しています。

　「資本の歴史的な実存諸条件は、商品流通および貨幣流通とともに定在するものでは決してない。資本は、生産諸手段および生活諸手段の所有者が、みずからの労働力の売り手としての自由な労働者を市場で見いだす場合にのみ成立するのであり、そして、この歴史的条件は一つの世界史を包括する」（②、291ページ。原書、184ページ）。

こうした「歴史的考察がはいってこなければならない諸地点」は、「いわゆる本源的蓄積」だけではありません。たとえば第Ⅰ巻の第三篇第8章「労働日」では、労働日をめぐる労働者の闘いと工場法についての「歴史的考察」が詳しくおこなわれています。また第四篇第13章「機械設備と大工業」でも第1節「機械設備の発展」では、産業革命を引き起こした機械の歴史的発展過程が詳しく分析されています。さらに第Ⅲ巻では、第四篇第20章「商人資本にかんする歴史的概要」、第五篇第36章「資本主義以前」、第六篇第47章「資本主義的地代の創生記」など、「歴史的考察」それ自体が主題になっています。

このように『資本論』では、資本主義社会の内部構成と経済法則を表わす経済的諸範疇の論理的関連の順序にそって理論体系が展開されていますが、その要所要所で「歴史的考察」が必要になる「地点」では、積極的に詳細な歴史分析がなされています。つまり、『資本論』は資本主義発達史を書いた歴史書ではなくて、資本主義社会の経済法則を解明した経済学の理論書なのですが、その研究対象としている資本主義社会そのものは歴史的に形成された歴史的存在なので、そのことをけっして忘れてはならないということです。

本書では、『資本論』を読むための参考文献としての歴史年表を作成するために、もっぱら『資本論』のなかの「歴史的考察」部分に注目しています。しかし、『資本論』そのものを読むときには、その基本的な理論的方法（上述の「第一の点」として述べたこと）を、しっかりつかんでおくことが大事です。

序章 資本主義発達史の年表を作成する

《『資本論』を読むために、自家製の年表を作成する》

　マルクスは、『資本論』の初版の序言のなかで「私がこの著作で研究しなければならないのは、資本主義的生産様式と、これに照応する生産諸関係および交易諸関係である」（①、9ページ。原書、12ページ）、「近代社会の経済的運動法則を暴露することがこの著作の最終目的である」（①、12ページ。原書、16ページ）と述べています。

　では資本主義的生産様式とは、いったいなんなのか、それは歴史的にはいつごろ生まれたのか。そもそも資本主義の時代とは、いつからいつまで続くのか、日本の資本主義の場合はどうなのか、――こういうように、一歩踏み込んで考えてみると、これはそう簡単な問題ではありません。

　『資本論』など経済学の基礎理論の勉強会などでも、「世界と日本の資本主義発達史」の基礎について勉強してみたいという声を聞くことがあります。また、『資本論』を初めて読む人からも、初心者向けに書かれた平易な「世界と日本の資本主義発達史」の本を紹介してほしいという要望が出されることがあります。

　日本の資本主義の発生・発展の歴史を研究した古典的文献には野呂栄太郎『日本資本主義発達史』（1930年）があります。よく知られているように、野呂さんがこの書物をまとめるきっかけになったのは、労働者の『資本論』の勉強会のなかで、聴講者から「日本の資本主義の歴史」を学びたいという希望に応えるためだったと、「発達史」の「はしがき」のなかで述べられています。この不朽の名著である『日本資本主義発達史』は、今日でもぜひ一度は紐解くべき古典ですが、いかんせん80年以上も前の1930年代に出版された本ですから、当然のことながら戦後の日本資本主義の急速な発展の歴史は含んでいません。

　世界の資本主義の発展史については、これももうだいぶ以前に出版されたものですが、労働者教育協会（労教協）の講師活動を熱心にやっておられた服部文男東北大名誉教授の『資本主義のあゆみと思想』（学習文庫、1977年6月）があります。これは、経済史だけでなく、政治史、思想・文化史を含んでおり、挿絵の図版も多数挿入してあります。なによりも特徴的なのは、きわめて平易に、しかも簡略に、世界の資本主義の歩みが描かれていることです。私は、

野呂栄太郎（1900－1934）
　戦前の日本共産党の理論的指導者。『日本資本主義発達史』（1930）は、その後における日本資本主義の科学的研究の基礎を築いた。活動中に検挙され、拷問により病状悪化して死去した。

『資本論』の学習会などでは、この服部教授の学習文庫を参考文献として紹介しているのですが、なにしろ1977年の初版ですから、いま購入するのは無理なようです。

そこで、私は、二十数年前から『資本論』の読書会や学習会では、最初に自家製の《世界の資本主義発達史》と《日本の資本主義発達史》の二つの年表を配ることにしてきました。世界と日本の資本主義の発達史を概観できるように工夫した《年表》です。これは最初は手書きの簡単なものでしたが、最近では、A3紙にパソコンで作成したかなり大きなものになってきました。本書に収録した【年表Ⅰ】と【年表Ⅱ】は、このようにして改良に改良を重ねてきた筆者の自家製の年表の最新版です。

本書に収録した四つの年表のそれぞれの内容的な特徴については、第1章以下で説明しますが、すべての年表の作成にあたって重視した四つの基本的な視点について最初に述べておきましょう。

(1) 唯物史観の立場から、歴史の流れをとらえる

第一の基本的な視点は、いずれの年表でも、歴史の流れを唯物史観の立場からとらえるようにしているということです。

年表Ⅰ〜Ⅲでは、いずれも経済的土台の欄を一番下段にゆったりとととって、その上に国家、革命、戦争、階級闘争などの上部構造、思想・哲学・経済学、文化・スポーツなどの項目をつみあげるようにしてあります。このように、歴史の流れを、経済を土台に据えて、構造的に、法則的にとらえるというのが、唯物史観の立場です。

唯物史観という歴史観は、エンゲルスがマルクスの二つの偉大な発見の一つにあげたものです。

> 「これら二つの偉大な発見、すなわち唯物史観と、剰余価値による資本主義的生産の秘密の暴露はマルクスのおかげである。これらの発見によって社会主義は科学になり……」（「空想から科学へ」新日本文庫、48ページ）。

唯物史観については、マルクス自身が1859年に発刊した最初のまとまった経済学の書物『経済学批判』の「序言」のなかで、簡潔に定式化して解説しています。別項（17ページ）で、その部分の全文をかかげておきます。この唯物史観を導きの糸として、マルクスは経済学の研究をすすめ、『資本論』を執筆しました。

唯物史観の立場から歴史の流れをみると、経済的な動きと政治的な動き、国際的な動き、思想や文化の動き、階級闘争の動き、こうしたさまざまな分野の事件の歴史的な関連や背景がみえてきます。唯物史観の視点から歴史を学ぶと、時代の流れの方向、歴史の発展法則を考えることができます。

唯物史観の立場から、歴史の流れをとらえる点については、第1章以降で、各年表の内容を説明するなかで、その意味をより具体的にみてみたいと思います。

経済的土台
　物質的生産力に照応する生産諸関係の総体。

上部構造
　経済的土台の上にそびえ立つ法的、政治的な構造。それに照応する意識形態（思想・文化など）。
（詳しくは、41ページを参照）

⑵ 資本主義のもとで「生産力の発展と生産関係との矛盾」が拡大する

　第二の基本的な視点は、資本主義のもとで急速に生産力が発展し、生産関係（資本主義的搾取制度）との矛盾が深まり、新しい社会への変革の準備がなされるということです。これは、⑴で述べた唯物史観の基本的な命題です。ですから、資本主義の歴史をとらえるさいにも、「生産力の発展と生産関係との矛盾」はもっとも重要な視点の一つになります。

　資本主義の研究をする際には、ややもすると生産関係（搾取関係）の方だけに目がいきがちですが、それでは資本主義の全体像をつかむことはできません。生産力の変化・発展の動向を具体的に分析することが大事です。とはいえ、資本主義のもとでの生産力の急速な発展を歴史年表のなかで表わすのは、なかなか難しいことです。しかし、生産力の発展は、資本主義の歴史のもっとも重要な基本的な特徴の一つですから、できるだけ年表のなかに書き入れる工夫がしてあります。この点については、第1章の【年表Ⅰ】についての説明を参照してください。

　「生産力の発展と生産関係との矛盾」については、21世紀の現代資本主義について考えるさいには、とりわけ重要な意味をもっています。ICT（情報通信技術）革命の急速な展開は、資本主義的生産関係との新たな矛盾を拡大しつつあるからです。AI（人工知能）、IoT（アイオーティー＝モノのインターネット）、3Dプリンター、ビッグデータ、サイバー空間、クラウドなどなど、耳慣れないICT用語が、日常的にもニュースになっています。こうした問題については、本書では【年表Ⅲ】について解説する第3章のなかでとりあげます（本書82ページ参照）。

> **ICT革命**
> 　情報通信技術革命。Iは（Infomation＝情報）、Cは（Communication＝通信）、Tは（Technology＝技術）の頭文字。詳細は82ページを参照。

　ところで、資本主義のもとでの生産力の発展を分析するためには、次の第三の視点の項でとりあげる三大経済範疇、とりわけその一つである「土地所有」が深くかかわっています。「大地（自然）」は、本源的に食料などを提供する一般的な労働対象であり、また労働手段の本源的な武器庫でもあり、労働過程のための一般的労働対象でもあり、総じて「自然の生産力」の源泉でもあるからです。

　こうした一般的な労働対象（自然）に働きかけて労働生産物を商品として生産することによって初めて資本主義的な搾取は成り立つわけですから、資本主義的生産様式のもとでの生産力の発展は、三大経済範疇（土地所有・資本・賃労働）を前提としています。この点が、次に述べる視点になります。

⑶ 経済的事項は、三大経済範疇（三大階級）を基準に整理する

　第三の基本的な視点は、年表の下段の欄に「経済的事項」を書き入れるさいに、《土地所有・資本・賃労働》という、資本主義社会における主要な三つの経済範疇を基準にして全体を構成してあるということです。（注）

　マルクスは、『資本論』第Ⅲ巻第52章「諸階級」の冒頭で、次のように述べ

ています。

> 「労賃、利潤、および地代を各自の所得源泉とする、単なる労働力の所有者、資本の所有者、および土地の所有者、すなわち賃労働者、資本家、および土地所有者は、資本主義的生産様式にもとづく近代社会の三大階級を形成する」（⑬、1548ページ。原書、892ページ）。

こうした「近代社会の三大階級」のあり方は、現代の資本主義のもとでは、より発展した多様で複雑な形態をとりますが、資本主義の生成・発展の歴史を長期的な視野からつかむためには、やはり《土地所有・資本・賃労働》という三大経済範疇＝三大階級を基準とすることが不可欠です。

なお、年表のなかでとりあげる《土地所有》は、単に農地・農民のことを指すだけではありません。それに加えて工場用地、道路、港湾、労働者の住宅用地、水（海洋）資源、鉱物資源など、エネルギー源を獲得するための大地という意味でもあり、《土地所有》は「大地」にかかわるすべてのことを指しています。マルクスは、「資本論草稿」のなかでは、「土地（自然）」あるいは「大地（自然）」という表現をよくしています。その意味では人間の経済活動の前提条件である「自然」そのものが「土地」という経済範疇によって示されているといってもよいでしょう。

もともと、マルクスの言う搾取の原語（Ausbëutung、あるいは Exploitation）は、「自然と人間の両方を開発し、利用し尽くす」という意味です。20世紀の後半以降、重大な問題となってきた地球環境の危機も、資本による自然の乱開発を原因としており、資本にとって「自然」の絶対的な「制約」から逃れることができないことを示しています。

資本蓄積が急速であればあるほど、公害・環境問題とか、「列島改造」による地価高騰・狂乱物価の問題とか、土地バブルの発生とか、あるいは労働者の住宅問題とか、都市の過密問題とか、巨大な自然災害の問題とか、地球環境危機の問題とか、さまざまな自然にかかわる矛盾を抱え込まざるを得なくなるわけです。資本主義である限り、絶えず土地所有（自然）からの制約を受けることを避けるわけにはいかないのです。これは、後述の第3章で【年表Ⅲ】の現代資本主義について考えるさいに、あらためて述べたいと思います。

資本主義的な「搾取論」「階級論」「階級闘争論」は、三大経済範疇（土地所有・資本・賃労働）を前提として成り立っていること、資本主義社会を、単純に《資本・賃労働》の二大階級論でつかまないこと、いいかえれば、「土地所有」範疇なくして資本主義的生産様式は成り立たないことをしっかりつかんでおくことが大事です。

（注）資本主義のもとでの三大経済範疇の意義についてより詳しくは、拙稿「資本論体系と三大経済範疇（土地所有・資本・賃労働）」（労働者教育協会『季刊労働者教育』157号.2017.3─に掲載）を参照してください。

「列島改造」

田中角栄『日本列島改造論』（1972）による国土改造計画。地価高騰、狂乱物価、公害などを起こして数年で破綻した。

序章　資本主義発達史の年表を作成する　15

⑷　経済的土台の歴史だけでなく、階級闘争の歴史を重視する

　第四の基本的な視点は、資本主義の発展をみるさいに、経済的土台の変化・発展の動きに注目するだけでなく、歴史発展の基本的推進力としての階級闘争の展開、国民の社会変革の運動の発展を重視するということです。

　『資本論』第Ⅲ巻最終章、第52章の「諸階級」について、第Ⅲ巻を編集したエンゲルスは、「第Ⅲ巻の編集者の序言」のなかで、次のように述べています。

　　　「最後の章は、ただその冒頭があるだけである。ここでは、三大収入形態すなわち地代・利潤・労賃に照応する発展した資本主義社会の三大階級——土地所有者・資本家・賃労働者——と、彼らの実存とともに必然的に生じてくる階級闘争とが、資本主義時代の実際に現存する結果として叙述されるはずであった。このような最終的総括は、最終的編集のために印刷直前まで留保しておくのがマルクスの常であり、その場合には、最新の歴史的出来事が、不可避的な規則性のもとに、彼の理論的展開にとってもっとも望ましい現実性をもつ例証を彼に提供したのである」（⑧、15ページ。原書、14〜15ページ）。

　このように、マルクスは『資本論』の「最終的総括」である第Ⅲ巻の最終章を、資本主義社会の三大階級による「階級闘争」について書くはずであったとエンゲルスは述べています。しかし、これはマルクス自身が、『資本論』第Ⅰ巻を出版した後、エンゲルスに送った手紙（1868年4月30日付）のなかで、第Ⅲ巻の最終章について、「結びとして、いっさいのごたごたの運動と分解がそこに帰着するところの階級闘争」（傍点はマルクス）と言明していたことなのです。

　マルクスが『資本論』の経済理論を社会変革の立場、階級闘争の立場から書いているということは、『資本論』を学ぶさいに、常に念頭に置いておくべきことです。

　先に述べたように、《土地所有・資本・賃労働》は、いうまでもなくマルクスが研究対象とした近代資本主義社会の基本的な骨格であり、マルクスの「経済学批判体系プラン」の最初の三つの部門を構成し、資本主義社会における《土地所有者・資本家・賃労働者》という三大階級の基礎である経済的範疇を表わしています。マルクスは、資本主義社会における階級闘争も、この三大経済範疇を前提として描こうとしていたのです。

　そこで、日本資本主義を扱った【年表Ⅱ】では、三大経済範疇を基礎に据えて構成し、それらを総括するものとして、それぞれの時代の《階級構成》の簡略な表をあげてあります。

　本章では、資本主義の発展史をみるさいの四つの基本的視点について述べました。本書のすべての年表は、こうした視点をもとに作成してあります。

階級構成

　社会を構成する資本家、労働者、農民、自営業者などの諸階級の編成。数量的に表わすと「階級構成表」になる。

【引用】マルクス『経済学批判』（1859年）の「序言」の唯物史観の定式

（引用にあたって、引用者の責任で段落を区切り、改行してあります）

「私にとって明らかとなった、そしてひとたび自分のものになってからは私の研究にとって導きの糸として役立った一般的結論は、手短かに次のように定式化することができる。

人間は、彼らの生命の社会的生産において、一定の、必然的な、彼らの意志から独立した諸関係を、すなわち、彼らの物質的生産諸力の一定の発展段階に照応する生産諸関係を受け容れる。これらの生産諸関係の総体は、社会の経済的構造を形成する。これが実在的土台であり、その上に一つの法的かつ政治的な上部構造がそびえ立ち、そしてこの土台に一定の社会的意識諸形態が照応する。物質的生活の生産様式が、社会的〔social〕、政治的および精神的生活過程一般の条件を与える。人間の意識が彼らの存在を規定するのではなく、逆に彼らの社会的存在が彼らの意識を規定するのである。

社会の物質的生産諸力は、その発展のある段階で、それらがそれまでのその内部で運動してきた既存の生産関係と、あるいは同じことの法的表現に過ぎないが、所有諸関係と矛盾するようになる。これらの諸関係は、生産諸力の発展諸形態からその桎梏に逆転する。そのときから社会革命の時期が始まる。経済的基礎の変化とともに、巨大な上部構造全体が、徐々にであれ急激にであれ、変革される。

このような諸変革の考察にあたっては、経済的生産諸条件における自然科学的に正確に確認できる物質的な変革と、人間がそのなかでこの衝突を意識し、それを闘いぬく形態である法的な、政治的な、宗教的な、芸術的あるいは哲学的な諸形態、簡単にいえばイデオロギー的な諸形態とをつねに区別しなければならない。ある

個人がなんであるかは、その個人が自分自身のことをどう思っているかによって判断されないのと同様に、このような変革の時期をその時期の意識から判断することはできないのであって、むしろこの意識を物質的生活の諸矛盾から、社会的生産諸力と生産諸関係とのあいだに現存する衝突から説明しなければならない。

一つの社会構成は、それが十分包容しうる生産諸力がすべて発展しきるまでは、けっして没落するものではなく、新しい、さらに高度の生産諸関係は、その物質的存在条件が古い社会自体の胎内で孵化されおわるまでは、けっして古いものにとって代わることはない。それだから、人類はつねに、自分が解決しうる課題だけを自分に提起する。というのは、詳しく考察してみると、課題そのものが、その解決の物質的諸条件がすでに存在しているか、またはすくなくとも生成の過程にある場合にかぎって発生する、ということが、つねにわかるであろうから。

大づかみにいって、アジア的、古典古代的、封建的および近代ブルジョア的生産様式を経済的社会構成が進歩していく諸時期としてあげることができる。ブルジョア的生産諸関係は、社会的生産過程の最後の敵対的形態である。敵対的というのは、個人的敵対という意味ではなく、諸個人の社会的生活諸条件から生じてくる敵対という意味である。しかしブルジョア社会の胎内で発展しつつある生産諸力は、同時にこの敵対の解決のための物質的諸条件をもつくりだす。したがって、この社会構成でもって人類社会の前史は終わる」（大月書店『資本論草稿集』③、205～206ページ）。

【年表Ⅰ】世界の資本主義の生成

封建制からの移行期 ←――――→ （西ヨーロッパを中心にみた世界資

	1300	14世紀	1400	15世紀	1500	16世紀	1600	17世紀	1700
スポーツ	騎馬競技（トーナメント） 騎士道精神 （テニスの原型）		ルネッサンス → （フットボールの原型）		人間身体への関心 （ゴルフ/ホッケー/クリケットなどの原型）→	英国で貴族のスポーツ盛行――→ 民衆のゲームとして発展			英国で （競馬か ダー
音楽	グレゴリオ聖歌 吟遊詩人		（世俗音楽）		（シャンソンなど大衆歌曲）	オペラ　バロック音楽　バッハ（1685/1750） ストラディバリ（1644/1737）			
美術	［ゴシック建築］	ルネッサンス（14世紀〜16世紀） レオナルド・ダ・ビンチ（1452/1519）　デューラー ラファエロ　ミケランジェロ			エル・グレコ ブリューゲル　ルーベンス	バロック式　ベラスケス レンブラント			ロコ
文学	ダンテ（1265/1321） 神曲　ボッカチオ（1313/1375） ペトラルカ（1304/1374）チョーサー（1340/1400）		エラスムス（1466/1536）		モンテーニュ（1533/1592） セルバンテス シェイクスピア（1564/1616）	［仏古典主義］モリエール（1622/1673）スウィフ ラシーヌ ミルトン			
哲学	中世スコラ哲学 （トマス・アクィナス /13世紀） （ロジャー・ベーコン） 1214/1294				［大陸合理論］ デカルト（1596/1650）パスカル ［イギリス経験論］ スピノザ/ライプニッツ/モンテスキュ フランシス・ベーコン（1561/1626）　ロック（1632/1707）			啓蒙思 ルソ 百科
経済学					1516　1532 ユートピア（モア）君主論（マキャベリ） （重金主義）	1651　1662　ロビンソン・ク リヴァイアサン（ホッブズ）租税貢収論（ペティ） 重商主義　重農主義 外国貿易によるイングランドの財宝（マン）貿易差額		
国家 覇権 戦争	オスマン・トルコ　教皇権の衰退 建国 【オスマン・トルコの地中海進出】 （地中海の繁栄） 【イタリアの繁栄】 ジャンヌ・ダルク（1412/31） 第1次英仏百年戦争 （1337-1453）		1453　英テユーダー王朝 ビザンツ帝国 滅亡　スペイン王国 →【ポルトガル・スペインの繁栄】 王権の伸張 バラ戦争 （1455-85）		絶対主義の国家 エリザベスⅠ世（1533/1603） →【フランスの繁栄】ルイ14世 【オランダの繁栄】 英国がスペインの イタリア戦争　無敵艦隊撃破 （16世紀前半）　（1588）	本来の重商主義の国家 【イギリス 第2次英仏百年 三十年戦争　英蘭戦争　スペイン継承戦 （1618-48）　（1652-74）　（1701-			
革命 階級闘争	チョンピの乱（1378） ワット・タイラーの一揆（1381） 《ペスト（黒死病）の大流行》 王＋封建領主＋特権僧侶 & 農奴＋都市市民の闘争		宗教改革 マルティン・ルター（1483/1546）		1525　1566　1579 ドイツ農民戦争　オランダ革命 トマス・ミュンツァー　カルヴァン（1541） ［対立から、 王＋封建貴族 & 新興資本家階級の	1642　（平等派）　1688 英ピューリタン革命　英名誉革命 しだいに妥協・同盟へ］ ＋近代プロレタリアートの先駆者 ［同盟から、しだいに対立へ］			

《経済的土台》

【貨幣・信用】	商品・貨幣経済の展開 貨幣地代				（メキシコ・ペルー） 銀鉱山の発見　〔欧州へ金・銀流入〕	市場経済の発展 貨幣制度の発展 （1637）オランダのチューリップ恐慌 イングランド銀行設立（1694）			（171 信
【世界市場】	封建制の危機 都市の発展 （ハンザ同盟） 北欧商業圏 《イスラム勢力の進出》 地中海商業圏 （14c/15c） 資本制経営体が イタリアで発生 （発展せず）		1492 コロンブス　マゼラン 1522　1545 大航海時代 商業革命 前期的資本（メディチ家やフッガー家の繁栄） （商人資本） （高利貸資本）		アステカ　インカ征服 東インド会社（1602）　航海条例（1651） （奴隷貿易）　奴隷 植民地貿易 〔タバコ/ジャガイモ/トマト/ 貨幣的富の蓄積				
【資本制生産様式】	独立手工業者 （ギルド制）　毛織物工業の発展 農業生産力の上昇　農村工業				単純協業から → 分業へ（分業による協業） マニュファクチュア 本来のマニュファクチュ 16世紀半ばから　（工場制手工業） 産業資本家の創生　生産力の発展が加速する 社会的分業の				
【労働者階級】 【生産力】	生産力の発展		14世紀半ばから → 血の立法		本源的蓄積の時代 （1601）エリザベス救貧法 労働日延長のための強制法 労働者階級の形成				相対
【土地所有】	マナーの解体 《15c 半ばヨーマン層形成》 近代的土地所有＝資本主義的地代の創生		（15c 末）第1次土地囲い込み（16c 前半） 労働地代⇒生産物地代⇒貨幣地代		三圃式農法から輪栽式へ農業革命 （英国で）資本				
【科学・技術】	《火薬伝わる》《羅針盤の改良》《製鉄法・高炉》		《大砲》　1445ごろ 活版印刷 （グーテンベルク） 《火縄銃》《地球儀》		1543 地動説　ガリレイ（1564/1642） コペルニクス（1473/1543）ケプラー（1571/1630） （メルカトール）世界地図　顕微鏡　血液の循環 1569　1590　1628	1660　1687 英・王立協会　万有引力の法 ニュートン（1642/1727） 微積分学 振子時計　紙の大量生 1657			

| 1300 | 14世紀 | 1400 | 15世紀 | 1500 | 16世紀 | 1600 | 17世紀 | 1700 |

と発展（経済的土台と上部構造）

本主義発達史の概略）　　　　　　　　　　　　　　　　　　　　　　〔1997.7.8 作成。2017.2.1 補正〕

18世紀	1800	19世紀	1900	20世紀	2001	21世紀		

近代スポーツ誕生　→　クラブ/パブリック・スクール───→　労働者へ　（1896）オリンピック　国際化　大衆スポーツ　生涯スポーツ
ら徒歩競争/サッカー/ラグビー/テニス　など　　米国で、バスケット（1891）バレー（95）Wカップ（1930）商業主義
ビー（1780）ドイツ体操、スウェーデン体操　野球（1845）プロ野球（1871）【戦争とスポーツ】【アマとプロ】

古典派　ベートーベン（1770/1827）ロマン派　国民楽派　印象派　　12音階　電子音楽
モーツアルト（1756/1791）シューベルト/シューマン/ショパン　フォスター　ドビュッシー　ガーシュイン　ストラビンスキー

古典主義　　自然主義　ミレー（1814/1875）ゴッホ　ロダン　　立体派ピカソ（1881/1973）
コ式　　　　　写実主義　印象派　マネ/モネ/ルノアール　野獣派／超現実派ダリ

ロマン主義　写実主義／自然主義／象徴主義（ボードレール）ヘミングウェイ
古典主義　　ハイネ　ツルゲーネフ（1818/1883）トルストイ（1828/1910）ロマン・ロラン
ゲーテ（1749/1832）バルザック（1799/1850）　モーパッサン　ゴーリキー（1868/1936）ショーロホフ

想　仏唯物論　独観念論　ヘーゲル（1770/1831）ニーチェ　　実存主義　プラグマティズム
ー（1712/1778）カント（1724/1804）フォイエルバッハ（1804/1872）フロイト　ハイデッカー
全書　ディドロ/ヴォルテール　ベンサム　　　　　M・ウェーバー　　サルトル

ルーソー（1719）古典派経済学　資本論〔マルクス／エンゲルス〕1917
（ケネー）（スミス）（リカード）（ミル）①1867②85③94　帝国主義論（レーニン）
経済表　諸国民の富　経済学原理　経済学原理　1870年代　シュンペータ（1883/1950）
主義　1758　　1776　　1818　　1848　　限界革命（新古典派）ケインズ（1883/1946）一般理論（1936）
自由主義　　　　　　　　　　　　　　　　　　　　　　　新自由主義

（初期ブルジョア国家）　自由競争の国家　　独占資本の国家　国連（「福祉国家」）（EU）
の　繁　栄　】------→【パクス・ブリタニカ】→【パクス・アメリカーナ】憲法９条
ヴィクトリア女王（1837/1901）

戦争　　　　　　　　アヘン戦争　　米西戦争　第一次大戦　朝鮮戦争《冷戦体制》テロの脅威
７年戦争（1756-63）（1840-42）（1898）　　　　　　　ベトナム戦争　【核戦争の不安】
争　オーストリア継承戦争　仏革命戦争　南北戦争　普仏戦争　日露戦争　第二次大戦　中東戦争　イラク戦争
14）（1740-48）（1796-1815）（1861-65）（1870-71）（1904-05）　　　湾岸戦争

1776　1789-99　1848　1868　1871　ロシア1917　1949　1991
アメリカ独立革命　フランス大革命　２月革命　明治維新パリコミューン　革命　中国革命　ソ連崩壊
ナポレオン（1769/1821）オウエン　　　　　　　　　　（ソ連覇権主義との闘争）
空想的社会主義　サン・シモン　科学的社会主義の理論と運動　（修正主義との闘争）
闘争　　　　フーリエ　　　　　　　　　　　　　　　　独占資本　＆　労働者
的下層民　（ラダイト運動）（チャーチスト）（第1インター）（第2インター）（コミンテルン）＋中小資本
1836/48　1864/76　1887/1914　1917/1943　＋農民＋市民
封建貴族＋資本家階級＆労働者階級＋農民の闘争

9）南海泡沫事件　世界恐慌史　1825　'47　'66　'82　1900　'13　'29　'49　'57　'70　'80　2001
用制度の発展　　　　　　　36　57　73　91　'07　'21　'37　'53　'61　'74　'90　'08/09
カジノ資本主義・金融化
金銀複本位制-----　（1816）（1849）（1858）　　　　（1945）金・ドル交換停止　ルールある
　　　　　　　　英　　金　　国際　崩　IMF体制　　　　　　　国際通貨制度へ
銀本位制-----　　貨　→　本　→　金本位制　→　壊　→　固定相場制　変動相場制
　　　　　　　　幣　　位　　（1971）
　　　　　　　　法　　制

制は19C半ばまで続く　近代帝国主義体制　植民地の独立　中南米の革命
コーヒー／ラム／綿花／　世界の分割・再分割　アジアの資本主義化
〔紅茶／砂糖〕英国「自由貿易」帝国主義　資本の輸出　南北問題　多国籍企業
日本の開国　「世界の工場」　　　　　　　　　　金融資本　　グローバリゼーション

発達　（1760）（イギリス）（1830）　　資本の集中　国家独占資本主義（財政危機）
ア　　　産業革命・生産力飛躍　生産の集積　独占資本主義の時代　ICT革命
綿工業の発達　重化学工業の発達
工場制機械工業　電化　フォードシステム　トヨタシステム
産業資本主義の時代　　　　　　生存権　（雇用危機）
的過剰人口・産業予備軍　（1834）新救貧法・教育・保健条項　労災・環境条項　社会権
女性の賃労働者化
工場法の発展　10時間労働　社会保険　社会保障制度
18世紀半ばまで　1802 19 33 47 50 53 66　83　8時間要求運動　8時間労働

木材から石炭（コークス）へ　水力発電　石油　（核エネルギー）　自然エネルギー
家的大借地農経営の拡大
《18世紀⇒第2次土地囲い込み》穀物法（1815）⇒廃止（1846）（発展途上国で食糧危機）地球環境危機

則　特許制度の発展　1859　1864　1900　1916　1945　1969　（バイオテクノロジー）
工作機械　種の起源　電磁気学　量子論　相対性理論　月着陸　生命科学・ヒトゲノム　iPS細胞
ケイの飛杼（1733）（モズレー）ダーウィン（1809/82）マクスウェル（1831/79）アインシュタイン（1879/1955）人工衛星　ICT革命・インターネット
（ハーグリーヴズ）ジェニー紡績機　ミシン（1830）電話（1876）原爆　ビッグデータ
産　（ワット）蒸気機関　鉄道　発電機　電灯自動車　飛行機　TV　コンピュータ（パソコン）（半導体）AI　IoT
1765 67　　　　　1825　1867 1879 1885 1903　1939 1946

18世紀	1800	19世紀	1900	20世紀	2001	21世紀

《新たな世界史的変革の時代へ》
《人類の文化の継承と発展》
《核廃絶と世界平和》《自由・平等・民主主義》

スポーツ／音楽／美術／文学／哲学／経済学／国家／覇権／戦争／革命 階級闘争

《経済的土台》【貨幣制度】【世界市場】【資本制生産様式】【労働者階級】【土地所有】【科学・技術】

第1章　世界の資本主義の生成と発展の歴史

《【年表Ⅰ】は、『資本論』のキーワードをもとにチャート風に描いてある》

　【年表Ⅰ】の全体の構成は、右の概略図で示したように、唯物史観の立場に立って、経済的土台と上部構造に大きく区分して、それぞれの内部を、いくつかの項目に分けて記述してあります。そのさいに、何年にこういう事件があった、何年に誰がどうしたというような、歴史的事象のいわゆる編年史としての年表ではなくて、『資本論』に出てくる大事な経済的な用語（範疇）や経済法則の発生・発展の流れがわかるように、『資本論』のキーワードを図のなかにチャート（海図）風に書き入れてあります。

　経済的土台については、ほとんどが『資本論』に出てくる経済的範疇を整理してあるだけですが、上部構造については、必ずしも『資本論』に出てくる事項だけではなく、歴史的に重要な事項を書き入れてあります。

　『資本論』は、第Ⅰ巻の初版が1867年、エンゲルスが第Ⅲ巻を編集し終えて出版したのが1894年ですから、もちろんそれ以後の、20世紀、21世紀の歴史的事項は『資本論』には出てきません。しかし、マルクス、エンゲルスが亡くなってからも、今日まで資本主義の歴史は続いており、それは『資本論』で解明された理論的な分析が基本的に正確であったことを証明しています。ですから【年表Ⅰ】も、『資本論』出版の時点で終わるのでなく、21世紀の資本主義、現代にいたるまでの資本主義をカバーするように描いてあります。

　本章では、【年表Ⅰ】の見方について、関連する『資本論』の文章をできるだけ引用しながら、具体的に説明しておきましょう。

年表Ⅰ　世界の資本主義の生成と発展

		→
		14世紀・・・・・・・・・21世紀
上部構造	スポーツ・音楽 美術・文学	
	哲学・経済学	
	国家・戦争	
	革命・階級闘争	
経済的土台	（貨幣・信用）	
	（世界市場）	
	資本制生産様式	
	労働者階級	
	（生産力）	
	土地所有	
	（科学・技術）	

1 資本主義はいつから始まったのか

まず最初に、年表の下の方の「経済的土台」の欄をみてください。

マルクスは、『資本論』のなかでは、「資本の出発点」は、「世界商業および世界市場」が発達した16世紀から始まると、次のように述べています。

「商品流通は資本の出発点である。商品生産、および発達した商品流通 —— 商業 —— は、資本が成立する歴史的前提をなす。世界商業および世界市場は、一六世紀に資本の近代的生活史を開く」(②、249ページ。原書、161ページ)。「資本主義的生産の発端は、すでに一四世紀および一五世紀に地中海沿岸のいくつかの都市で散発的に見られるとはいえ、資本主義時代が始まるのは、ようやく一六世紀からである」(④、1225ページ。原書、743ページ)。

資本主義的生産様式の最初は、16世紀よりもう少し早く、14世紀頃から地中海沿岸のイタリアの都市で小さな町工場の形で発生していました。しかし、こうした中世の封建社会のなかで散発的に発生した資本主義的な生産様式は、その後発展しないまま終わってしまいました。

資本主義的な生産様式が本格的に広がりだしたのは、16世紀から、オランダやイングランドの羊毛を原料とした毛織物工業でした。ちょうどその頃、15世紀の後半から17世紀へかけて、コロンブスのアメリカ大陸「発見」(1492年)やバスコ・ダ・ガマの喜望峰航路の発見 (1497/98年)、マゼランの世界一周 (1519年) などが相次ぎ、地理上の発見、大航海時代といわれています。こうした世界商業、世界市場の形成を背景として、いよいよ16世紀から資本主義の歴史が始まるわけです。

16世紀から数えると、16、17、18、19、20、21世紀へと、世界史的にみると、資本主義はちょうど5世紀から6世紀もの期間、500年余の歴史をもっています。

ただし、資本主義の歴史が、いつから始まったかという場合に、マルクスが「一六世紀に資本の近代的生活史を開く」と述べたのは、社会全体を資本主義的な生産様式が完全に支配するようになったという意味ではありません。

まだ16世紀の頃は、イギリスでも、西ヨーロッパでも、社会全体は封建的な農奴制度で覆い尽くされていました。ですから、もちろん社会や国家権力を握っていたのも、資本家階級・ブルジョアジーではありませんでした。ブルジョアジーが、国家権力を握り、社会の基本的な主導権がブルジョアジーに移ったときがいつかという政治的な変革を基準にして考えるなら、16世紀より、もっと後になります。これは、年表でいえば、「革命」という欄を見てもらえばよいのですが、イギリスでは、17世紀の後半、フランスでは18世紀の後半、というようになります。ちなみに日本はもっと遅くなって、ようやく19世紀の

毛織物工業
　一般には羊毛の織物工業。欧州では、11世紀以降にイタリア、オランダで広がり、英国でも14世紀以降に発展、18世紀には世界最大の生産国となった。

大航海時代
　15世紀末以降、西欧諸国が地理上の発見を競い、世界各地で掠奪・交易・植民のために探検・航海をした時代。

第1章　世界の資本主義の生成と発展の歴史　21

後半の明治維新によって、不徹底な形でのブルジョア民主主義革命が起こりましたが、結局、戦前は絶対主義的天皇制の支配が続き、半封建的な地主制度が20世紀なかばの敗戦直後まで残りました。

　このように、ブルジョアジーが国家権力を握ったかどうかという点では、16世紀よりもっと遅くなりますが、資本主義の経済的土台、資本主義的生産様式の生成・発展は、16世紀から始まり、世界史的にはちょうど500年余の歴史をもつと考えてよいでしょう。

2　商品生産の発展。世界市場の形成

　資本主義的生産様式の生成・発展という点では16世紀からですが、『資本論』第Ⅰ巻は、いきなり資本主義的生産様式の分析からではなく、第一篇「商品と貨幣」から始まります。

　　「資本主義的生産様式が支配している諸社会の富は、『商品の巨大な集まり』として現われ、個々の商品はその富の要素形態として現われる。それゆえ、われわれの研究は、商品の分析から始まる」（①、59ページ。原書、49ページ）。

　『資本論』第Ⅲ巻では、マルクスは「資本主義的生産様式をはじめからきわ立たせる」特徴として、次のように述べています。

　　「第一に。この生産様式はその生産物を商品として生産する。商品を生産するということは、この生産様式を他の生産諸様式から区別するものではない。しかし、商品であるということが資本主義的生産物の支配的で規定的な性格であるということこそ、この生産様式を他の生産諸様式から区別するものである。このことは、まず第一に、労働者自身がただ商品の売り手としてのみ、それゆえ自由な賃労働者としてのみ現われ、したがって労働は一般に賃労働として現われるということを含む」（⑬、1539ページ。原書、886ページ）。

　商品生産は、地球上の各地域で、さまざまな民族が生活している社会で発生し、古代社会、封建社会をつうじて徐々に発展していきます。しかし、世界史的には15世紀後半から17世紀へかけての、いわゆる地理上の発見、大航海時代によって、世界的な交易（商品流通）の条件が開かれて、商品生産は飛躍的に盛んになり、世界市場が形成されます。そして、すでに1節で述べたように、「世界商業および世界市場は、一六世紀に資本の近代的生活史を開く」ことになるのです。

　資本主義的生産様式が16世紀以降に本格的に発展し始めると、ますます商品生産は社会全体に広がるようになり、すべてのものが形式的に価格をもち、「商品」として取り引きされるまでになります。

「それ自体としては商品でないもろもろの物、たとえば良心、名誉など
が、その所有者によって貨幣で売られる物となり、こうしてその価格を通
して商品形態を受け取ることがありうる。だから、ある物は、価値をもつ
ことなしに、形式的に価格をもつことがありうる。価格表現は、ここでは、
数学上のある種の大きさ〔虚数〕と同じように想像的なものとなる」（①、
175ページ。原書、117ページ）。

　商品生産・商品流通の発展とともに、資本主義の生成・発展の条件として、
貨幣制度や信用制度も発展・確立します。『資本論』の第一篇では、「商品」と
ともに「貨幣」の研究が中心課題です。

3　貨幣制度（金本位制）と信用制度（信用貨幣）の発展

　【年表Ⅰ】では、経済欄の最上部で貨幣制度の発展過程を扱っています。し
かし、『資本論』を最初に学ぶさいに「貨幣論」の重要なポイントを、どのよ
うに正確に理解するか、これは、なかなか簡単ではありません。マルクスが
「貨幣論」の理論を展開した「金本位制」の時代から、現代資本主義のもとで
の貨幣制度は大きく変化・発展してきているからです。とくに難しいのは、第
一篇「商品と貨幣」の第3章の第3節「貨幣」です。

　【年表Ⅰ】をみると、イギリスでの金本位制度の確立と信用制度の発展とが
並行してからみ合いながら進行してきたことがわかります。19世紀半ばのイギ
リスは金本位制度の確立期でしたが、同時に、1694年に設立されたイングラン
ド銀行を中心に信用制度も生成・発展しつつありました。19世紀になると、国
内経済で流通していた「貨幣」の圧倒的部分は、今日と同じように銀行券や預
金通貨などの「信用貨幣」でした。

　イギリスの19世紀の貨幣事情を研究した文献によると、表のよう
に、マルクスが『資本論』初版（1867年）を出版する直前の1865年
の時点で、正貨（本位貨幣＝金）は、7,000万ポンドで、現実社会
で流通している通貨（今日的に言えばマネーストック＝マネーサプ
ライ）全体のなかの19％にすぎず、圧倒的部分、つまり8割以上が
銀行券（2,700万ポンド）や銀行の預金通貨（2億7,000万ポンド）
になっていました。金本位制といっても、現実社会の商品取引では、
貨幣として銀行券や預金通貨が流通していたのです。つまり、『資
本論』の時代にも、現実社会で使われている通貨（マネーストッ
ク）のうち「信用貨幣」が80％を占めていたわけです。

　もちろん、当時の銀行券は「兌換銀行券」ですから、「金」の裏
付けをもっており、その意味で、正真正銘の「信用貨幣」だったの
で、今日のような「不換銀行券」ではありません。しかし、金本位

信用制度

　商品の掛け売りや資本の貸し付けに伴う債権・債務関係を信用と言う。商業に伴う商業信用と銀行の与える銀行信用がある。商業信用と銀行信用の総体的制度を信用制度と言う。

マネーストック（money stock）

マネーサプライとも言う。社会全体で流通している通貨の総量。民間企業や家計が保有する現金や預金の残高。

1865年の英国のマネーストック

	100万ポンド	％
正貨	70	19.1
銀行券	27	7.4
預金通貨	270	73.5
貨幣総額	367	100.0

（資料）R・キャメロン『産業革命と銀行業』（邦訳、日本評論社、1973年）

2016年の日本のマネーストック

	兆円	％
正貨	※	※
日銀券	92.2	13.7
預金通貨	580.8	86.3
マネーストック	673.0	100.0

（注）不換銀行券となっているために、正貨はない。マネーストックはM1。日銀券には、補助貨幣を含む。数値は2016年10月末時点。

（資料）日本銀行統計

第1章　世界の資本主義の生成と発展の歴史　23

制のもとでも、現実に流通していた通貨の多くは「金」ではなく、現在と同じように銀行券や預金通貨などの「信用貨幣」だったのです。ちなみに、最近の日本のマネーストックの統計をみると、金本位制が崩壊しているために、かつての「正貨＝金」にあたるものは欠落し、日本銀行が発行する銀行券（日銀券）が「無制限に通用する法貨」として「現金」とみなされていますが、現実に流通している貨幣（マネーストック）のうち預金通貨が86％を占めています。

　1865年のイギリスと2016年の日本の二つの貨幣流通の表を比べると、貨幣論的には、金本位制と「管理通貨」制なので根本的に異なっていますが、貨幣流通の形態的特徴はひじょうに似ています。これは、資本主義のもとでの金本位制度が信用制度の発展とともに確立したこと、金本位制が崩壊しても貨幣流通の基本構造が形態的には変わっていないことを示しています。

　【年表Ｉ】をみると、貨幣制度の発展（金本位制度の確立）と信用制度の発展が同時的にすすんでいったことがわかります。歴史年表をみながら『資本論』を読むと、こうした現実的関係が見えてくるので、理論を深くつかむためにも役立ちます。

　ちなみに、「信用貨幣」は、貨幣の「支払手段」機能から発生します。本来の「信用貨幣」は、『資本論』第Ｉ巻第一篇「商品と貨幣」のなかではまだ理論的に論じることはできずに、それは第Ⅲ巻第五篇の信用論を前提としています。しかし、そうであるにもかかわらずマルクスは、第Ｉ巻第一篇でも、「信用貨幣」に言及し、「現金が本来の商取引にはいることがどんなに少ないかを示す一例」として、当時のロンドン最大の商社の貨幣取引の表をかかげています（①、237ページ。原書、154ページ）。マルクスは、現実の資本主義経済の貨幣現象は「信用貨幣」を抜きにしては理解が難しいことから、あえて第Ｉ巻第一篇で、当時の貨幣流通の実態を示す表をかかげたのだと思われます。

4　本源的蓄積の時代。その本質的意味

　資本主義の500年余の歴史のなかで、最初の時期のことを本源的蓄積の時代といいます。これは資本主義が成り立つための基礎的な出発点をつくる時期のことですから、封建時代の末期から、いわば「資本主義的生産様式の前史」として始まります（「本源的蓄積」は、「原始的蓄積」ということもあります）。

　資本主義的生産様式の発生は、商品生産や貨幣流通の一定の広がりを前提としていますが、しかしそれだけでは足りません。

　　「貨幣も商品もはじめから資本ではないのであって、それは生産手段や生活手段がはじめからそうではないのと同じである。それらのものは資本への転化を必要とする。しかし、この転化そのものは一定の事情のもとでしか行なわれえないのであって、この事情は次のことに帰着する。すなわ

ち、一方には、自分が所有している価値額を他人の労働力の購入によって
増殖することが必要な、貨幣、生産手段、および生活手段の所有者と、他
方には、自分の労働力の売り手であり、それゆえ労働の売り手である自由
な労働者という、二種類の非常に違った商品所有者が向かい合い接触しな
ければならない、という事情である」（④、1223ページ。原書、742ページ）。

「したがって、資本関係をつくり出す過程は、労働者を自分の労働諸条
件の所有から分離する過程、すなわち一方では社会の生活手段および生産
手段を資本に転化し、他方では直接生産者を賃労働者に転化する過程以外
のなにものでもありえない。したがって、いわゆる本源的蓄積は、生産者
と生産手段との歴史的分離過程にほかならない。それが『本源的なもの』
として現われるのは、それが資本の、そしてまた資本の照応する生産様式
の前史をなしているためである」（④、1224ページ。原書、742ページ）。

つまり、「本源的蓄積」とは、農奴や自営農民などの直接的農民から土地を
収奪することであり、その本質は「生産者と生産手段との歴史的分離過程以外
の何物でもない」のです。さらに『資本論』では、次のように述べています。

「本源的蓄積の歴史において歴史的に画期的なものといえば、形成され
つつある資本家階級のために槓桿として役立つ変革がすべてそうであるが、
しかしわけても画期的なのは、人間の大群が突如としてかつ暴力的にその
生活維持手段から引き離され、鳥のように自由な〔人間社会の拘束から放
たれ、そのため法律の保護も奪われた〕プロレタリアとして労働市場に投
げ出される瞬間である。農村の生産者である農民からの土地収奪が、この
全過程の基礎をなしている」（④、1226ページ。原書、744ページ）。

「（資本の本源的蓄積の──引用者）この収奪は、一連の暴力的方法を包
括しており、われわれはそのうちの画期的なものだけを資本の本源的蓄積
の方法として検討した。直接的生産者の収奪は、無慈悲きわまる野蛮さで、
もっとも恥知らずで汚ならしくて、もっとも狭量で憎むべき欲情の衝動に
よって遂行される」（④、1304ページ。原書、790ページ）。「資本は、頭か
ら爪先まで、あらゆる毛穴から、血と汚物とをしたたらせながらこの世に
生まれてくる」（④、1300～1301ページ。原書、788ページ）。

資本主義国ではどこでも、この「本源的蓄積」という歴史的な一時代──野
蛮で、恥知らずで、汚らしい収奪の一時代──を経過しますが、どの国でも同
じようなやり方でおこなわれたのではありません。

「この収奪の歴史は国が違えば違った色合いをもっており、この歴史が
さまざまな段階を通る順序も歴史上の時代も国によってさまざまである。
それはイギリスにおいてのみ典型的な形態をとっており〔この収奪が徹底
的な仕方で遂行され──フランス語版〕、それゆえわれわれはイギリスを
例にとるのである」（④、1226ページ。原書、744ページ）。

【年表Ⅰ】では、こうした『資本論』の叙述にそくして、もっぱらイギリス

第1章　世界の資本主義の生成と発展の歴史　25

の資本主義発展史を基調に据えながら、歴史的過程の年代を描いてあります。しかし、日本の場合は、欧米に追いつくために、きわめて異常な歴史的な過程となりました。その点については、【年表Ⅱ】と、その説明をする第2章でとりあげることにします。

5 マニュファクチュアの時代。「労働革命」と技術的限界

さて、このように「本源的蓄積」とともに、16世紀に誕生した新しい資本主義の時代は、「本源的蓄積」以前から発生していた資本主義的生産様式の一つであるマニュファクチャア（工場制手工業）という時代に入ります。

マニュファクチュア（manufacture）は、日本語では「工場制手工業」と訳していますが、一般に英語のままマニュファクチュアと表記されることが多いと思います。『資本論』（邦訳）でも、マニュファクチュアと表記されています。

マニュファクチュアとは、「産業革命」で普及する機械制大工業より以前の資本主義的生産様式です。工場に数人（あるいは数十人）の賃金労働者を集めて、分業による協業によって生産がなされていますが、まだ機械ではなく道具を使って、もっぱら手工業を技術的基礎としている生産様式です。『資本論』第Ⅰ巻第12章「分業とマニュファクチュア」では、①分散生産される部品を1ヵ所に集め組み立てる異種的（分散）マニュファクチュアと、②一作業場で工程を分割して仕上げる有機的（集中）マニュファクチュアの二つの基本形態があると述べています。

マニュファクチュアは、機械制大工業の時代になってからも、いつの時代でも部分的には小さな町工場として存在しています。こうした部分的な個別のマニュファクチュアの存在と区別して、それが資本制生産の支配的形態であった時代のことを、『資本論』では〈本来的マニュファクチュア時代〉と呼んでいます。

> 「分業にもとづく協業は、マニュファクチュアにおいて、その典型的な姿態をつくり出す。それが、資本主義的生産過程の特徴的形態として支配的なのは、おおよそ一六世紀中葉から一八世紀最後の三分の一期にいたる本来的マニュファクチュア時代のあいだである」（③、585ページ。原書、356ページ）。

本来的マニュファクチュアの時代、工場制手工業の時代は、イギリスの場合、16世紀から18世紀後半にいたる長い期間続きますが、産業革命が始まるまでは、生産力は徐々に徐々にしか発展しませんでした。しかし、マニュファクチュアの時代には、資本主義的生産様式の基礎となる「労働の協業と分業」が発展します。『資本論』では、第Ⅰ巻第四篇第11章「協業」と第12章「分業とマニュファクチュア」で詳しく解明されています。

このように、マニュファクチャの時代の生産過程では、直接生産者である労働者の労働編成、労働様式の革命的変革、いわば「労働革命」とでも言いうるような「労働の協業と分業」が発展します。このように資本主義発達史の上では、次に述べる産業革命に先立って、まず「労働革命」が起こったということ、その「労働革命」の視点で「労働の協業と分業」の意義をとらえることが大事です。マニュファクチュアの時代に「労働革命」（協業と分業の発展）があったからこそ産業革命が可能になったのです。

　しかし、マニュファクチュアの分業を労働手段の側からみると、まだ手工業の道具による生産であるという狭い技術的な制約、限界をもっていました。

　　「マニュファクチュアにおける分業を正しく理解するには、次の諸点をしっかりとらえておくことが重要である。まず第一に、生産過程をその特殊な諸局面に分割することが、この場合には、一つの手工業的活動をそのさまざまな部分作業に分解することとまったく一致する。その作業は、組み合わされたものであろうと簡単なものであろうと、依然として手工業的であり、それゆえ、個々の労働者が自分の用具を使用するさいの力、熟練、敏速さ、確実さに依存する。手工業が依然として基盤である。この狭い技術的基盤は、生産過程の真に科学的な分割を排除する」（③、589ページ。原書、358ページ）。

　資本主義的生産様式が緩やかなスピードでゆっくりと発展していくマニュファクチュアの時代は、いわば飛行機が飛び立つときの長い助走の時代といえるでしょう。このマニュファクチュアの時代を経て、資本主義的生産様式が急速に発展し始めるのは、産業革命という大変革が始まってからでした。

6　産業革命。機械制大工業と生産力の発展

　世界で最初の産業革命はイギリスで起こりましたが、それは1760年頃から1830年頃までといわれています。この産業革命によって、資本主義は機械制大工業の時代に入っていきます。産業革命によって機械制大工業の時代に入った19世紀の資本主義は、産業資本主義の時代、あるいは自由競争の時代といいます。資本主義がもっとも勢いよく発展した時代、いわば資本主義の青年期から働き盛りの壮年期といった時代です。

　産業革命から機械制大工業の時代へかけての大きな特徴は、生産力が飛躍的に発展することです。【年表Ⅰ】では、生産力の発展を、資本主義の生成・発展の全期間を貫く基本的な特徴として描いてます。

　マルクスとエンゲルスは、すでに1848年の「共産党宣言」のなかで、次のように述べていました。

　　「ブルジョアジーは、歴史においてきわめて革命的な役割を演じた」。「ブ

第1章　世界の資本主義の生成と発展の歴史　27

ルジョアジーは、生産用具を、したがって生産諸関係を、したがって社会的諸関係総体を、絶えず変革することなしには、存在することができない。これに反して、古い生産様式を変化させずに維持することは、これまでのすべての産業的諸階級の第一の存在条件であった。生産の絶え間のない変革、すべての社会的状態の絶え間のない震撼、永久的な不安定および運動は、ブルジョア時代を以前のすべての時代から区別するものである」。「ブルジョアジーは、百年たらずの階級支配のあいだに、すべての過去の諸世代を合わせたよりもいっそう大量かつ巨大な生産諸力をつくりだした。諸自然力の征服、機械設備、工業および農業への化学の応用、汽船航海、鉄道、電信、諸大陸全体の開拓、諸河川の運河化、地中からわき出たような全人口──このような生産諸力が社会的労働の胎内にまどろんでいたことを、これまでのどの世紀が予想したであろうか？」。「ブルジョア的な生産諸関係および交易諸関係、ブルジョア的な所有諸関係、これほど巨大な生産手段および交易手段を魔法で呼びだした近代ブルジョア社会は、自分が魔法で呼びだした地下の魔力をもはや制御することができなくなった魔法使いに似ている」（『共産党宣言』新日本文庫版、46～51ページ）。

　ブルジョアジーは、「商業の自由」「搾取の自由」のもとで、産業革命を達成し、機械制工場を世界中につくり始めました。自然科学を生産に応用する技術学を創造し、生産手段をたえまなく変革して、驚くべき短い期間に魔法使いのように巨大な生産力を地上に呼びだしました。資本主義という時代は、人類の長い歴史のなかで、まさにゲーテのいう「シュトルム・ウント・ドランク」（疾風怒涛）の時代ともいうべき激しい変化と成長の時代に本格的に入っていくことになります。

　いったいなぜ、資本主義の時代になって急に生産力がこのように巨大な規模に膨張するようになったのか。この答は、『資本論』では基本的に三つの角度から与えられています。この問題は、『資本論』第Ⅰ巻のもっとも中心的なテーマの一つなので、次に項をあらためて、7節、8節、9節にわたって、3つの角度から詳しくみておきましょう。

7　資本主義的搾取制度の秘密。他の社会の搾取制度との種差

　資本主義のもとで生産力が急激に発展するようになった秘密は、第一に、資本主義的搾取の仕組み、その特徴と深く関係しています。

　産業革命を経て、機械制大工業の時代に入ると、いよいよ産業資本主義が本格的に確立し、資本主義的搾取制度の特徴が満面開花することになります。

　こうした資本主義的搾取の基本構造は、次のような条件を前提にしています。

(1)【流通過程】労働力が商品となり、直接的生産者は賃労働者となる。資

本家は、生産過程に先立って流通過程で労働力（可変資本）と生産手段（不変資本）を購入し、資本を前貸し（資本投下）して、生産をおこなう。

（2）【生産過程】賃労働者は、資本の指揮下での生産過程で、労働力商品の価値（価格＝賃金）よりも大きな価値の労働生産物を生産する。（労働力商品の価値〔価格＝賃金〕＜　労働生産物の価値）

（3）【流通過程】資本は、賃労働者の生産した労働生産物を取得し、それを販売することによって得られる価値（貨幣額）と労働者へ支払った賃金（貨幣額）との差額を剰余価値（利潤）として獲得する。

このような資本主義的搾取の特徴は、そこから、さらに資本主義的搾取に独特なさまざまな種差——ほかの社会（奴隷制や農奴制）の「搾取」との違い——を生みだします。

以下、『資本論』からの引用によって、資本主義的搾取の種差を7点にまとめておきましょう。

●資本主義的搾取の種差（1）

——資本は、労働生産物の生産をつうじて搾取する

資本主義の搾取は、商品のなかに含まれる剰余価値の生産という物的な形態でおこなわれるという点に基本的な特徴があります。剰余価値という形態による搾取は資本主義的搾取にしかない種差です。

資本主義的搾取制度のもとでは、資本が人間と自然を徹底的に開発（利用）することによって生産がなされ、その結果として労働生産物が資本家のものになり、利潤が生み出されます。そのために、資本は、人間労働だけでなく、自然も同時に利用しつくして、もっとも効率的に労働生産物を得ようとします。そうしないと資本主義的搾取は成り立たないからです。

> 「それゆえ資本主義的生産は、すべての富の源泉すなわち土地および労働者を同時に破壊することによってのみ社会的生産過程の技術および結合を発展させる」（③、868〜869ページ。原書、529〜530ページ）。

日本にも、江戸時代の徳川吉宗の時代に「胡麻の油と百姓は絞れば絞るほど出るものなり」などと言って苛斂誅求の搾取がなされたといいます。その場合、資本主義的搾取のやり方でいえば、「百姓に胡麻の油を徹底的に搾らせて、その労働生産物である胡麻の油を資本家がそっくりいただく」という構造になるわけです。胡麻と百姓が同時に絞られる——自然と人間が同時に「搾取」されるわけです。

●資本主義的搾取の種差（2）

——資本の搾取欲は、無制限で、限度がない

『資本論』第Ⅰ巻第三篇第8章「労働日」のなかで、マルクスは、資本の搾取欲が、無制限で、限度がないことを、「人狼」（狼人間）に例えて、次のよう

奴隷、農奴、自営農民

奴隷は、人間としての権利・自由を完全に奪われ、売買・譲渡の対象ともなる。奴隷所有者による無制限な支配のもとで労働を強制される。

農奴は、中世の封建社会で、領主に人身的に隷属し、土地に縛られて賦役（ふえき）や小作料などの形で搾取される。

奴隷や農奴と違って、自営農民は、身分的な支配を受けずに、自分の土地で農業に従事する。

徳川吉宗（1684−1751）

徳川幕府の第8代将軍。「享保の改革」で、家康時代への復古をかかげ、武芸、学問、殖産興業を奨励した。

第1章　世界の資本主義の生成と発展の歴史　29

に述べています。

　　「資本は、剰余労働を求めるその無制限な盲目的衝動、その人狼的渇望の
　　なかで、労働日の精神的な最大限度のみではなく、その純粋に肉体的な最
　　大限度をも突破していく。資本は、身体の成長、発達、および健康維持の
　　ための時間を強奪する。……（中略）……資本は労働力の寿命を問題にし
　　ない。それが関心をもつのは、ただ一つ、一労働日中に流動化させられうる
　　労働力の最大限のみである」（②、455〜456ページ。原書、280〜281ページ）。

　では、なぜ、資本は、剰余労働を無制限に求め、労働者の生命さえ脅かすま
で搾取に狂奔するのか。その人狼的渇望の根源はなんでしょうか。

　マルクスは、これまでの階級社会における搾取には、第一に、奴隷制や農奴
制のように使用価値の横取りを目的とした搾取、第二に、資本主義のように交
換価値の横取りを目的とした搾取、という基本的に性格を異にする二つのタイ
プがある、そして、後者のタイプの搾取は、その本性上際限がない、と述べて
います。

　この搾取制度の二つのタイプについては、『資本論』第Ⅰ巻第二篇「貨幣の
資本への転化」のなかで、次のように述べています。

　　「単純な商品流通——購買のための販売——は、流通の外にある究極目的、
　　すなわち使用価値の取得、欲求の充足、のための手段として役立つ。これ
　　に反して、資本としての貨幣の流通は自己目的である。というのは、価値
　　の増殖は、この絶えず更新される運動の内部にのみ実存するからである。
　　それゆえ、資本の運動には際限がない」（②、259ページ。原書、167ページ）。

　つまり資本の価値増殖の運動であるG−W−G'は、始めも終わりも同質の
交換価値、貨幣であり、その果てしない増加だけが資本の運動の目的です。で
すから、どこまでいってもこれで満足という限界がない無限運動です。そこに、
同じ搾取でも、使用価値を追求する奴隷制や農奴制の搾取とは、本質的な違い
——「種差」が生まれるわけです。

●資本主義的搾取の種差（３）
——過去の搾取のタイプと結合すると最悪の搾取になる

　では、奴隷制や農奴制の搾取は、資本主義的な際限がない搾取と比べて「働
く人民にとって、相対的によりましな搾取制度」だったといえるのでしょうか。
けっしてそういうわけではありません。

　奴隷制や農奴制の搾取は、資本主義の搾取のように際限がないという特徴は
なかったかわりに、直接の人身的な支配にもとづく、むきだしの暴力によって
守られた搾取制度でした。奴隷制のもとでは、奴隷の生殺与奪の権は、完全に
奴隷主に握られており、封建的な身分制度のもとでも、切り捨てごめんの時代
でした。こうした人身的な支配が基本的になくなったという点では、資本主義
社会は人類にとって大きな進歩を意味しています。人身的な支配をなくして、

G−W−G'

　マルクスが『資本論』で
考案した、「商品の流通」や
「資本の流通」を簡略に表
わす定式。G＝貨幣（Geld）、
W＝商品（Ware）、G'＝（G
＋⊿G）、剰余価値を含むG
を表わす。

二重の意味で「自由な労働者」を前提にしての搾取がおこなわれること、いいかえれば労働力の自由な売買の基礎のうえでおこなわれる搾取、これが資本主義的な搾取制度の基本的な特徴です。

しかし、資本主義的な搾取制度では、過去の搾取制度の特徴を利用しながら、二つのタイプの搾取を「接ぎ木」したやり方がおこなわれることがあります。そのときはまさに最悪の搾取制度になります。

> 「その生産がまだ奴隷労働、夫役労働などというより低い諸形態で行なわれている諸民族が、資本主義的生産様式によって支配されている世界市場に引き込まれ、この世界市場によって諸民族の生産物を外国へ販売することが、主要な関心事にまで発展させられるようになると、奴隷制、農奴制などの野蛮な残虐さの上に、過度労働の文明化された残虐さが接木される」（②、400ページ。原書、250ページ）。

マルクスは、この引用部分にすぐ続けて、この「野蛮な残虐さ」と「文明化された残虐さ」が「接木」された実例として、アメリカの南部諸州の黒人労働をあげています。

しかし、このような最悪の搾取のやり方は、過去のある特殊な場合に存在していたというだけではありません。戦前の日本資本主義でも、やはり一種の「野蛮な残虐さ」と「文明化された残虐さ」が「接木」されていました。

●資本主義的搾取の種差（4）
── 流通過程での「労働力商品の売買」、労賃（賃金）という形態は、資本主義的搾取の本質を隠蔽する

資本主義的搾取制度の基本的な前提条件は、資本家が生産過程で労働者を搾取する以前に、あらかじめ流通過程で「労働力商品」を購入し（＝賃労働者を雇用し）、賃労働者には賃金（労働力の価格）を支払うということです。

このように資本主義的生産様式のもとでは、労働力の売買が「賃金」という形態でおこなわれることによって搾取の実態が完全に覆い隠されます。この点については、『資本論』では、第Ⅰ巻第六篇「労賃」のなかで、詳しく解明されています。

> 「賃労働では、剰余労働または不払労働さえも支払労働として現われる。奴隷の場合には所有関係が、奴隷の自分自身のための労働を隠蔽し、賃労働の場合には貨幣関係が、賃労働者の無償労働を隠蔽する」（④、924ページ。原書、562ページ）。

> 「それゆえ、労働力の価値および価格を労賃の形態に ── または労働そのものの価値および価格に ── 転化することの決定的重要性が、いまや理解される。現実的関係を見えなくさせ、まさにその関係の逆を示すこの現象形態は、労働者および資本家のもつあらゆる法律観念、資本主義的生産様式のあらゆる神秘化、この生産様式のあらゆる自由の幻想、俗流経済学

第1章　世界の資本主義の生成と発展の歴史　31

のあらゆる弁護論的たわごとの、基礎である」（④、924ページ。原書、562ページ）。

『資本論』第Ⅰ巻を出版した後で、マルクスはエンゲルスへあてた手紙（1868年1月8日付）のなかで、『資本論』の「三つの根本的に新しい要素」の一つとして「はじめて労賃が、その背後に隠れている関係の不合理的な現象形態として示され（た）」と述べています。マルクスが、「労賃」の解明をどれだけ重視していたかがわかります。

●資本主義的搾取の種差（5）
── どれだけ搾取されているのか、実態が目に見えない

賃労働という形態は、搾取の本質を隠蔽するだけではありません。搾取がどれだけなされるか、その量的な規模も、隠蔽され、その実態が目に見えなくなります。第8章「労働日」のなかでマルクスは、次のように述べています。

> 「ドナウ諸侯国における剰余労働への渇望を、イギリスの工場における同じ渇望と比較することは、特別な興味がある。なぜなら、夫役労働における剰余労働は、一つの自立的な感性的に知覚できる形態を有するからである。労働日は六時間の必要労働と六時間の剰余労働とからなるものとしよう。そうすれば、自由な労働者は資本家にたいして毎週6×6すなわち三六時間の剰余労働を提供する。それは、労働者が週のうち三日は自分のために労働し、三日は無償で資本家のために労働するのと同じことである。しかし、このことは目には見えない。剰余労働と必要労働とは互いに融合し合っている。」（②、401～402ページ。原書、250～251ページ）。

つまり、封建制の夫役労働では、1週のうち3日間は領主の畑に駆り出されてただ働きさせられるというように、自分がどれだけ搾取されているかということが「感性的に知覚できる」のにたいして、資本主義の搾取は、どんなに激しく搾取されていても、必要労働と剰余労働とが同じ1日の労働日のなかで融合し合っているため目に見えないということです。目に見えないからこそ「際限のない搾取」ができるのだともいえます。

●資本主義的搾取の種差（6）
── 資本は、競争によって搾取強化を強いられる

資本主義のもとでは、資本家は、食うか食われるかの激しい競争を強いられています。資本家は、資本主義的経営の活動を維持し、生き延びるためには、否応なく利潤追求を強制され、搾取を強めて資本蓄積をすすめることが推進的動機になります。

> 「価値増殖の狂信者として、彼（資本家 ── 引用者）は容赦なく人類を強制して、生産のために生産させ、それゆえ社会的生産諸力を発展させ、そしてまた各個人の完全で自由な発展を基本原理とする、より高度な社会

ドナウ諸侯国

ドナウ川流域のワラキア、モルダヴィア（現在のルーマニア、モルドア、ウクライナにかけての地域）。「諸侯」とは、王権によって所領を与えられた貴族。

形態の唯一の現実的土台となりうる物質的生産諸条件を創造させる。資本の人格化としてのみ、資本家は尊敬に値する。このようなものとして、彼は貨幣蓄蔵者と同様に、絶対的な致富衝動をもっている。しかし、貨幣蓄蔵者の場合に個人的熱狂として現われるものが、資本家の場合には社会的機構の作用なのであって、この機構のなかでは彼は一個の動輪にすぎない。そのうえ、資本主義的生産の発展は、一つの産業的企業に投下される資本が絶えず増大することを必然化し、そして競争は個々の資本家にたいして、資本主義的生産様式の内在的諸法則を外的な強制法則として押しつける。競争は資本家に強制して、彼の資本を維持するためには絶えず資本を拡大させるのであるが、彼は累進的蓄積によってのみそれを拡大することができる」（④、1015〜1016ページ。原書、618ページ）。

このように、資本家が搾取強化の競争を強いられるという点も、資本主義のもとでの搾取制度の重要な種差といえるでしょう。

●資本主義的搾取の種差（7）
── 生産力の発展が、搾取強化（搾取量の増大）をもたらす

資本主義のもとでの生産力の発展と資本主義的搾取の強化とは切っても切れない密接な関係があります。生産力の発展が剰余価値を増やす手段になるからです。マルクスは、『資本論』第Ⅰ巻第四篇「相対的剰余価値の生産」で、そのからくりを理論的に解明しています。たとえば、第四篇第12章「分業とマニュファクチュア」のなかで、次のように述べています。

　　「マニュファクチュア的分業は、手工業的活動の分解、労働諸用具の専門化、部分労働者たちの形成、一つの全体機構のなかにおける彼らの群分けと結合とによって、社会的生産諸過程の質的編成および量的比例制、すなわち社会的労働の一定の組織をつくり出し、それによって同時に労働の新しい社会的生産力を発展させる。マニュファクチュア的分業は、……相対的剰余価値を生み出すための、または資本 ── 社会的富とか『諸国民の富』とか呼ばれているもの ── の自己増殖を労働者の犠牲において高めるための、一つの特殊な方法でしかない。」（③、633ページ。原書、386ページ）。

社会的生産力の発展が剰余価値を増大させる手段になることは、機械制大工業のもとでは、いっそう明らかになります。マルクスは、第四篇第13章「機械設備と大工業」のなかで、機械制大工業の発展と搾取強化（搾取量の増大）の関係について、あらゆる角度から徹底的に解明しています。ちなみに第13章は新書判で228ページもあり、『資本論』全3巻、全98章のなかで最も長い章です。

　　「労働の生産力の他のどの発展とも同じように、機械設備は、商品を安くして、労働日のうち労働者が自分自身のために費やす部分を短縮し、彼が資本家に無償で与える労働日の他の部分を延長するはずのものである。機械設備は、剰余価値の生産のための手段である」（③、643ページ。原書、

391ページ)。

　機械制大工業のもとでの「相対的剰余価値の生産」は、機械の採用によって労働密度を高めるという新たな搾取強化の手段も生み出します。

　　「一般的に言えば、相対的剰余価値の生産方法とは、労働の生産力の増大によって、労働者が同じ時間内により多く生産することができるようにすることである。……とはいえ、労働日の強制的短縮が、生産力の発展と生産諸条件の節約に巨大な刺激を与えるとともに、同時に労働者にたいして、同じ時間内における労働支出の増加、労働力の緊張の増大、労働時間の気孔充填のいっそうの濃密化すなわち労働の凝縮を、短縮された労働日の以内でのみ達成されうる程度にまで強制するにいたるやいなや、事情は一変する。与えられた時間内へのより大量の労働のこの圧縮は、いまや、それがあるがままのものとして、すなわちより大きい分量として、計算される。『外延的大きさ』としての労働時間の尺度とならんで、いまや、労働時間の密度の尺度が現われる」（③、708〜709ページ。原書、432ページ）

　マルクスは『資本論』第Ⅲ巻第七篇第48章「三位一体定式」のなかでは、資本が剰余価値の生産という目的のために社会的生産力を発展させることが「資本の文明化的側面の一つである」と、次のように述べています。

　　「資本がこの剰余労働を、奴隷制・農奴制などの以前の諸形態のもとでよりも、生産諸力の発展にとって、社会的諸関係の発展にとって、またより高度の新たな社会形態のための諸要素の創造にとって、いっそう有利な様式と諸条件とのもとで強制するということは、資本の文明化的側面の一つである」（⑬、1433〜34ページ。原書、827〜828ページ）。

　ここでマルクスが指摘している「資本の文明化作用」については、マルクスは「資本論草稿」のなかで、さらに詳しく論じています。

　　「ここから資本の偉大な文明化作用〔the great civilising influence of capital〕が生じ、資本による一つの社会段階の生産が生じる……。……自然ははじめて、純粋に、人間にとっての対象となり、純粋に、有用性をもつ物象となり、独自の威力〔Macht für sich〕と認められることをやめる。またそれどころか、自然の自立的な諸法則の理論的認識が、自然を、消費の対象としてであれ生産の手段としてであれ、人間の諸欲求に服従させる、そのための狡智〔List〕としてしか現われない、ということにさえもなる。……（資本は）たえず革命をもたらすものであり、生産諸力の発展、諸欲求の拡大、生産の多様性、自然諸力と精神諸力の開発利用ならびに交換を妨げるような、いっさいの制限を取り払っていくものである」（大月書店『資本論草稿集』②、18ページ）。

　資本主義のもとでの自然諸法則の理論的認識、自然科学の発展と社会的生産力の発展との関係は、マルクスが解明したもっとも重要な論点の一つなので、次に項をあらためてとりあげます。

8 「手工業の原理」から「機械工業の原理」への転換
―― 自然科学・技術学の急激な発展・応用によって生産力の飛躍が起こる

　資本主義のもとで生産力が急激に発展するようになった秘密は、第二に、手工業の原理が人間の分業に頼っていたのにたいして、機械工業の原理は、自然の客観的な分割の原理によってなされるようになり、その結果として、自然科学と技術学の応用によって自然の生産力を無限に引き出せるようになったことです。『資本論』第Ⅰ巻第四篇「相対的剰余価値の生産」では、このような手工業の原理（主観的分割原理）から機械工業の原理（客観的分割原理）への転換について、繰り返し指摘しています。

　　「マニュファクチュアでは、労働者たちは、個別的に、または群別で、それぞれの特殊な部分過程を自分の手工業道具で行なわなければならない。労働者はその過程に適合させられるが、しかしあらかじめその過程もまた労働者に適応させられている。この主観的な分割原理は、機械制生産にとってはなくなる。この場合には、総過程は客観的に、それ自体として考察され、それを構成する諸局面に分割され、そして、それぞれの部分過程を遂行し相異なる部分過程を結合する問題は、力学、化学などの技術的応用によって解決される」（③、657〜658ページ。原書、401ページ）。

　　「労働手段は、機械設備として、人間力に置き換えるに自然諸力をもってし、経験的熟練に置き換えるに自然科学の意識的応用をもってすることを必須にする、一つの物質的実存様式をとるようになる。マニュファクチュアでは、社会的労働過程の編制は、純粋に主観的であり、部分労働者の結合である。機械体系では、大工業は、一つのまったく客観的な生産有機体をもっているのであって、労働者は、それを既成の物質的生産条件として見いだすのである」（③、667ページ。原書、407ページ）。

　このような手工業の原理（主観的分割原理）から機械工業の原理（客観的分割原理）への転換は、それまでの手工業の狭隘な技術的限界を突破して、自然科学と技術学を生産過程に応用できるようになり、そのことによって生産力の飛躍的発展が連続的におこなわれることを可能にしました。手工業の原理（主観的分割原理）には限界がありますが、機械工業の原理（客観的分割原理）には限界がありません。自然界の物質的対象は、分子から原子、素粒子からクォークにいたるまで、ほとんど無限に分割が可能だからです。これはまさに革命的な原理の転換でした。

　　「各生産過程を、それ自体として、さしあたりは人間の手をなんら考慮することなく、その構成諸要素に分解するという大工業の原理は、技術学というまったく近代的な科学をつくり出した。社会的生産過程の多様な、外見上連関のない、骨化した諸姿態は、自然科学の意識的に計画的な、そ

第１章　世界の資本主義の生成と発展の歴史　35

してめざす有用効果に従って系統的に特殊化された応用に分解された。……（中略）……それゆえ、近代的工業の技術的基盤は、革命的である――これまでの生産様式の技術的基盤はすべて本質的に保守的であったが。近代的工業は、機械設備、化学的工程、その他の方法によって、生産の技術的基礎とともに、労働者の諸機能および労働過程の社会的諸結合を絶えず変革する」（③、837ページ。原書、510〜511ページ）。

「大工業が、巨大な自然諸力と自然科学とを生産過程に合体することによって労働の生産性を異常に高めるに違いないことは一見して明らかである……（後略）」（③、669ページ。原書、408ページ）。

マルクスが『資本論』で解明した「手工業の原理（主観的分割原理）から機械工業の原理（客観的分割原理）への転換」は、今風な表現をすれば、アナログの原理からデジタルの原理への転換と言ってもよいでしょう。

【年表Ⅰ】では、こうした『資本論』の指摘をもとに、最下段に「科学・技術」の欄を設けてあります。資本主義の発展と自然科学・技術学の発展は、必然的な連関によって相互に固く結びついているからです。

先に（本書、27ページ）、マルクスは、「共産党宣言」のなかで、資本主義のもとでの飛躍的な生産力の発展を「魔法使いの魔力」に例えたことを紹介しましたが、『資本論』では、その「魔力」の秘密が見事に科学的に解明されたのです。

9 資本主義的生産様式に特有な「資本蓄積＝拡大再生産」の仕組み

資本主義のもとで生産力が急激に発展するようになった秘密は、第三に、資本主義的生産様式に特有な「剰余価値の資本への転化」が毎年おこなわれて、急速な拡大再生産が継続していくという独特の生産様式の仕組み――資本蓄積にあります。

「剰余価値を資本として用いること、あるいは剰余価値を資本に再転化することは、資本の蓄積と呼ばれる」（④、993ページ。原書、605ページ）。

「剰余価値の資本への転化」という意味の重要性を実感としてつかむために、ここで「資本蓄積」の簡単なモデルをつくって具体的に考えてみましょう。

ある資本家が1億円の資本を投資してもうけ（剰余価値）を2,000万円あげたとします。この資本家が最初の1億円に加えて、新たに生産した剰余価値の全部を再投資して、拡大再生産を続けるとします。また、計算を思い切って単純化するために、とりあえず不変資本はゼロとして考えることにしましょう。剰余価値率と利潤率は同じ20％という仮定です。

この資本家が、毎年毎年、総資本の20％の剰余価値を生産し、毎年、元本に加えて「剰余価値の資本への転化」を続けたとすると、X年後には、総資本は、いったいどのくらいの規模になるでしょうか？　――これは、次のような

指数関数の計算式を考えれば、簡単に計算できます。

$$X 年後の総資本の倍数 = (1+0.2)^x$$

この計算式をもとに、簡単な資本蓄積のモデルを計算すると、別表のようになります。15年後の総資本は最初の1億円から15億円余に増えます。約15倍です。ちなみに、このペースで「剰余価値の資本への転化」を続けると、25年後には約95倍、1億円の資本は、約95億円に、なんと95倍にもなります。

資本主義のもとでの「剰余価値の資本への転化」、いいかえれば「資本の蓄積」は、このように加速度的な拡大再生産による資本の膨張をもたらします。

こうした経済規模の急激な膨張、拡大再生産という現象は、いつの時代でもあったことなのでしょうか。けっしてそうではありません。これは、人類のこれまでの歴史のなかでは、資本主義の時代だけに起こる、きわめて独特の経済現象です。マルクスは、「資本論草稿」のなかで、「剰余価値の資本への転化」は、「資本主義的生産様式をそれ以前の生産様式から区別する標識」であるという趣旨のことを、次のような表現で述べています。

「資本主義的生産様式においてはじめて、それ以前の生産様式とは違い、過去の労働がこうした増大していく規模で再生産にはいるのであって、それゆえにこのことが資本主義的生産様式をそれ以前の生産様式から区別する標識として現われる」（大月書店『資本論草稿集』⑨、573ページ）。

資本主義以前の生産様式、つまり、古代奴隷制や中世の封建制の生産様式では、100年、200年、いや1000年、1万年単位で考えても、生産の拡大はひじょうにわずかに、徐々に徐々にしかおこなわれませんでした。毎年、毎年、ほとんど前の年と同じ規模の生産を繰り返す単純再生産がおこなわれていました。剰余労働部分が次の拡大再生産のために蓄積されなかったからです。資本主義的生産様式になり「剰余価値の資本への転化」によって、初めて飛躍的な拡大再生産が継続的におこなわれるようになったのです。そして、こうした資本主義のもとでの持続的な拡大再生産の仕組みによって、飛躍的な生産力の発展が可能になったのです。

10 産業資本主義と労働者状態、失業と貧困、労働者家族と暮らし

資本にたいして膨大な富をもたらし、「資本の生産力」を飛躍的に拡大させる資本主義的蓄積の法則は、労働者には、失業と貧困をもたらします。『資本論』第Ⅰ巻第七篇「資本の蓄積過程」のなかでも、もっともよく引用される「資本主義的蓄積の一般的法則」です。『資本論』第Ⅰ巻のなかのたいへん大事な命題なので、少し長くなりますが、その部分を引用しておきましょう。

指数関数

　Xを正の定数、aを実数の変数とするときの関数
$$Y = X^a$$
複利の元利計算などで使われる。

資本蓄積のモデル

（毎年20%の剰余価値をすべて資本に転化する場合）

X年後の資本規模

X年後	（倍）
5年後	2.5倍
10年後	6.2倍
15年後	15.4倍
20年後	38.3倍
25年後	95.4倍

第1章　世界の資本主義の生成と発展の歴史　37

「資本主義制度の内部では、労働の社会的生産力を高めるいっさいの方法は、個々の労働者の犠牲として行なわれるのであり、生産を発展させるいっさいの手段は、生産者の支配と搾取との手段に転化し、労働者を部分人間へと不具化させ、労働者を機械の付属物へとおとしめ、彼の労働苦で労働内容を破壊し、科学が自立的力能として労働過程に合体される程度に応じて、労働過程の精神的力能を労働者に疎遠なものにするのであり、またこれらの方法・手段は、彼の労働条件をねじゆがめ、労働過程中ではきわめて卑劣で憎むべき専制支配のもとに彼を服従させ、彼の生活時間を労働時間に転化させ、彼の妻子を資本のジャガノートの車輪のもとに投げ入れる。しかし、剰余価値の生産のいっさいの方法は、同時に蓄積の方法であり、その逆に、蓄積のどの拡大も、右の方法の発展の手段となる。それゆえ資本が蓄積されるのにつれて、労働者の報酬がどうであろうと —— 高かろうと低かろうと —— 労働者の状態は悪化せざるをえないということになる。最後に、相対的過剰人口または産業予備軍を蓄積の範囲と活力とに絶えず均衡させる法則は、ヘファイストスの楔（くさび）がプロメテウスを岩に縛りつけたよりもいっそう固く、労働者を資本に縛りつける。この法則は、資本の蓄積に照応する貧困の蓄積を条件づける。したがって、一方の極における富の蓄積は、同時に、その対極における、すなわち自分自身の生産物を資本として生産する階級の側における、貧困、労働苦、奴隷状態、無知、野蛮化、および道徳的堕落の蓄積である」（④、1108ページ。原書、674〜675ページ）。

ジャガノート
ヒンズー教の巨大な神像を乗せた山車。
ヘファイストス
ギリシア神話の火と鍛冶の神。
プロメテウス
ギリシャ神話の英雄。ヘファイストスの火を盗み人間に与えたためゼウスの怒りをかい岩山に縛られた。

「社会の富、機能資本、機能資本の増大の範囲と活力、したがってまたプロレタリアートの絶対的大きさおよび彼らの労働の生産力、これらが大きくなればなるほど、それだけ産業予備軍が大きくなる。使用可能な労働力は、資本の膨張力の場合と同じ諸原因によって発展させられる。すなわち産業予備軍の相対的大きさは、富の力能につれて増大する。しかし、この予備軍が現役の労働者軍と比べて大きくなればなるほど、固定的過剰人口、すなわち彼らの労働苦がなくなるのに反比例して貧困が増大していく労働者諸層が、それだけ大量的となる。最後に、労働者階級中の貧民層（ラザロ）と産業予備軍とが大きくなればなるほど、公認の受救貧民がそれだけ大きくなる。これこそが資本主義的蓄積の絶対的・一般的な法則である」（④、1106〜1107ページ。原書、673〜674ページ）。

『資本論』第七篇の「資本蓄積論」では、資本蓄積にともなう労働者階級の状態についての上述のような基本的規定とともに、産業革命とともに女性が労働力として資本によって雇用されるようになり、労働者家族の状態に大きな変化が生まれることについても言及されています。

「家族の特定の諸機能、たとえば子供の世話や授乳などは、まったくやめにすることはできないので、資本によって徴用された家庭の母は多かれ

少なかれ代わりの人を雇わなければならない。裁縫やつぎあてなどのような家庭の消費に必要な諸労働は、既製商品の購入によって補われなければならない。したがって家事労働の支出の減少には、貨幣支出の増大が対応することになる。それゆえ労働者家族の生産費が増大して、収入の増大を帳消しにする。そのうえ、生活手段の利用や準備における節約と合理性が不可能になる。公認の経済学によっては隠蔽されているこれらの事実については、工場監督官や『児童労働調査委員会』の『報告書』、とくに『公衆衛生にかんする報告書』のなかに豊富な資料が見いだされる」（③、684ページ。原書、417ページ）。

また、『資本論草稿集』のなかには、次のような注目すべき指摘がなされています。

> 「……自分の賃金を自分でかせがねばならない婦人と子どもの労働が直接に搾取されることによって──そしてそれによって、労働者の家族全員のより大量の労働が資本に帰属することになって──、第一に、所与の人口が資本に提供する搾取可能な労働総量が増大し、したがって、この労働者人口からたたき出すことのできる剰余労働の量もまた増大するということ。第二に、成年労働者の労働能力が減価させられるということ。以前には、彼の賃金は、彼と彼の家族を維持するのに足りるものでなければならなかった。妻は資本家のためではなく、自分の家のために働いたのであり、子どもたちはわりあい高い年齢になってはじめて自分の消費分の等価をかせぎはじめたのであった。家族の父である成年〔労働者〕の賃金は、家族が働かなくても彼らを養うのに十分でなければならなかっただけでなく、彼らの労働能力の発達の費用──それは機械〔の導入〕によってほとんどゼロにまで削減された──をも補填するのに十分でなければならなかった。
>
> これにたいして、いまでは妻や子どもたちは、自分たちの消費分の等価にとどまらず同時に剰余価値をも再生産する。こうして、家族全体として前と同じ平均賃金をたたき出すために、家族の全員が前よりも多くの労働量──必要労働・プラス・剰余労働──を、より多くの剰余労働を提供しなければならないのである」（『資本論草稿集』⑨、250〜251ページ）。

11 労働者の闘いと工場法の発展、その意義

【年表Ⅰ】には、産業革命が進行するのと同時に、労働者階級の労働時間の短縮を求める運動が発展し始めること、工場法の発展、10時間労働、8時間労働の成立過程を書き入れてあります。

産業革命以後の約200年の間に、労働時間を短縮するために、世界の労働者階級がどんなに血のにじむような苦しい闘いをおこなってきたことでしょうか。

工場監督官

工場法の実効をはかるために、英国の1833年工場法で初めて設置された。

工場法

工場労働者の労働時間や衛生・安全などの基準を定めた法律。19世紀に、産業革命によって労働条件が悪化した労働者を保護するために英国をはじめ各国で制定された。現在の「労働基準法」にあたる。

第1章 世界の資本主義の生成と発展の歴史　39

激しい弾圧、牢獄、拷問にも屈せずに、一歩前進、二歩後退の粘り強い不屈の闘いの到達点として、世界の労働者階級は、ようやく8時間労働制をかちとってきたのです。

　　「資本主義的生産の歴史においては、労働日の標準化は、労働日の諸制限をめぐる闘争——総資本家すなわち資本家階級と、総労働者すなわち労働者階級とのあいだの一闘争——として現われる」（②、398～399ページ。原書、249ページ）。

　第8章「労働日」の後半、第5節から第7節にかけては、標準労働日獲得のための闘争、総資本家すなわち資本家階級と、総労働者すなわち労働者階級との間の闘いの歴史が、ひじょうに詳しく探究されています。標準労働日というルールは、資本家と労働者の長いあいだの階級闘争の成果として、国家的な法制度として確立したのです。

　　「それらは（工場法の諸規定は——引用者）、近代的生産様式の自然諸法則として、諸関係のなかからしだいに発展してきたのである。それらの法則の定式化、公的な承認、および国家による宣言は長期にわたる階級闘争の所産であった」（②、489ページ。原書、299ページ）

　労働者階級にとって、標準労働日獲得の意義はどこにあるのか。マルクスが、部分的に引用している1866年9月の「国際労働者大会」の決議を、そのもとになったマルクスの「提案文」そのものから引用しておきましょう。

　　「労働日の制限は、それなしには、いっそうすすんだ改善や解放の試みがすべて失敗に終わらざるをえない先決条件である。それは、労働者階級、すなわち各国民中の多数者の健康と体力を回復するためにも、またこの労働者階級に、知的発達をとげ、社交や社会的・政治的活動にたずさわる可能性を保障するためにも、ぜひとも必要である。われわれは労働日の法定の限度として八時間労働を提案する。（以下略）」（マルクス・エンゲルス全集⑯、191ページ）。

　マルクスは、第8章「労働日」では、こうも述べています。

　　「自分たちを悩ます蛇にたいする『防衛』のために、労働者たちは結集し、階級として一つの国法を、資本との自由意志的契約によって自分たちとその同族とを売って死と奴隷状態とにおとしいれることを彼らみずから阻止する強力な社会的防止手段を、奪取しなければならない」（②、525ページ。原書、320ページ）。

　さらに、マルクスは、工場監督官R・J・ソーンダーズの次の文章を引用しています。

　　「社会改革のためのより進んだ諸方策は、労働日がまえもって制限され、かつ規定されたその制限が厳格に強制されるのでなければ、なんらかの成功の見込みをもって実行されることは決してありえない」（②、524ページ。原書、319ページ）

12 資本主義の発展と文化・思想

　ここで、【年表Ⅰ】の上の部分――「上部構造」に目を転じてみましょう。

　資本主義の発展は、人類の文化・思想にはなにをもたらしたか。年表の最上欄から下へみていくと、スポーツ、音楽、美術、文学、哲学、経済学とあります。これらの項目について、上の欄から下の欄への順で、エピソードをまじえながら簡単にみていきましょう。文化については、篇や章としては『資本論』ではとりあげていないのですが、いわば『資本論』を読みながらの、唯物史観の応用問題として考えてみましょう。

《スポーツ――イギリスで近代スポーツ誕生》

　近代スポーツの発祥はイギリスと言われていますが、スポーツの発展を調べてみると、資本主義の発展が重要な基礎になっていることがわかります。

　現代、われわれが楽しんでいるスポーツ、たとえばサッカーやテニスなどは中世にその古い形のものが生まれています。しかし、現代的なルールをもって発展してきたのは、産業革命以後、18世紀に入ってからです。とくに、労働者階級が労働時間の短縮をかちとった19世紀の後半から、スポーツが急激に大衆的なものとして全世界で普及するようになりました。世界で最初に産業革命を達成したイギリスは、近代スポーツの誕生の地ともなったのです。そして、20世紀に入ると、労働者階級の増大と労働条件の向上とともに、スポーツはますます大衆化して、発展します。そして国際的な競技会が定期的に開かれるようになります。

　オリンピックは、エンゲルスが亡くなった翌年の1896年以来、4年ごとに開かれ、1964年の東京大会が第18回、2020年が第32回になります。サッカーのワールドカップも1930年から始まっています。障害者のパラリンピックは、第二次大戦直後から前史的な大会が始まりますが、公式のパラリンピック第1回大会は1960年と言われており、2020年が第16回になります。

　ヨーロッパで起こったスポーツに加えて、アメリカから野球やバスケット、バレーなどの新しい球技が盛んになります。とくに野球などは、アメリカで最初からプロ・スポーツとしての発展が見られました。こうした新しいスポーツの世界的普及は、アメリカ資本主義の発展が背景になっています。

　こういうように、唯物史観の立場から、スポーツの歴史を見ていくと、ひじょうに面白い、いろいろなことがわかってきます。

　ここで、ついでに述べておくと、科学的社会主義の立場は、スポーツを文化の重要な分野としてとらえて重視しています。科学的社会主義が、きちんとしたスポーツ政策をもって、スポーツの発展をめざすことができるのも、スポー

第1章　世界の資本主義の生成と発展の歴史　41

ツのもっている意義、意味を深くとらえることができるからです。科学的社会主義というのは、ただ社会が変わればよい、政治が変わればよいというような単純なものではありません。人間の全面的な発達、人間の本当の自由と幸せ、これこそが科学的社会主義の目標です。だから科学的社会主義の思想、それにもとづく理論と運動は、ひじょうに奥が深い、豊かなものです。

《音楽──ストラディバリウスとピアノ》

　音楽についても、現在、われわれがクラッシク音楽と呼んでいるものは、18世紀から19世紀にかけて、西ヨーロッパでブルジョアジーが封建的な貴族にたいして民主主義革命の旗をかかげて闘っていた頃に大きく発展しました。モーツアルト、ベートーベン、ショパンなどは、資本主義が産業革命から産業資本主義が確立する時代に活躍した音楽家たちです。彼らの音楽を聴くと、そうした時代の息吹を感じます。

　音楽と資本主義とのかかわりでふれておきたいのは、楽器の発展と普及についてです。いまでも最高のヴァイオリンの名器といわれる「ストラディバリウス」は、17世紀から18世紀にかけて、ストラディバリ（1644～1737）というヴァイオリン製作の名人がいて、そのストラディバリ一族が製作したヴァイオリンのことです。この「ストラディバリウス」という名前で呼ばれるヴァイオリンは、世界で約600台あるといわれます。ストラディバリという名人が生きた17～18世紀は、資本主義の歴史からいえば、ちょうどマニュファクチュアが発展していた時代です。マニュファクチュア（工場制手工業）のもとでは、人間の手の技術の熟練が最高度に発展し、その道具もひじょうに精密になりました。マルクスは、『資本論』のなかで、マニュファクチュア時代に、道具の専門化がすすんだ例として、バーミンガムで使われていたハンマーだけで、約500種類もあったと述べています。こうしたマニュファクチュアの手工業の技術的基礎のうえに、ヴァイオリンの名器である「ストラディバリウス」が生まれたわけです。

　これにたいし、ピアノの製作が発展するのは、産業革命以後になります。ピアノは、鍵盤につながったハンマーが弦を打つ（打弦）ことによって音を出します。ピアノにとって弦こそ大事な音源になるわけですが、ハンマーで強く打っても簡単には切れない上質の鋼鉄の弦が製造できるようになるのは産業革命以後です。もっとも高品質の強度の高炭素鋼（スチール）を使った弦が実用化したのは19世紀後半になってからのことです。

　このように音楽の歴史と資本主義の発展とは、切っても切れない関係でつながっているのです。

《美術──ミレーの晩鐘》

　美術については、筆者は、まったく門外漢なのですが、ずいぶん以前に、岩波新書で『芸術のパトロンたち』（高階秀爾著、1997）という面白い本を読ん

だことがあります。この本では、ルネッサンス時代のレオナルド・ダ・ヴィンチやミケンランジェロから、ミレーやセザンヌ、現代美術にいたるまでの芸術家たちの生活費や経済的・物質的な背景を面白く書いてあります。なかでも興味深く思ったのは、16、17、18世紀の大商人、王侯貴族にかわって、19世紀から新興のブルジョアジーが美術の買い手になり、それとともに、美術作品の商品化がすすんだということです。とくに印象深かったのは、ミレーの代表作である「晩鐘」のことです。「晩鐘」という絵は、夕暮れの畑で、農夫とその奥さんが、敬虔なお祈りをしている、あの誰でも知っている名画です。

ミレーは、1814年生まれ、1875年没ですから、マルクスより4歳年上のほぼ同時代を生きた画家なのですが、そのミレーが「晩鐘」を画商に売ったのが1860年といいますから、ちょうどマルクスが『資本論』を書き始めた頃です。そのときにミレーは1,000フランで「晩鐘」を売ったといいます。ところが、それがあっちこっちで転売されているうちに、19世紀の終わり頃、30年後には、なんと80万フランに、800倍も値上がりしたのです。

ちなみに、ミレーが売ったときの1,000フランを現在の貨幣価値に換算するのはなかなか難しいのですが、前述の高階さんの本では、当時の画学生の1か月の生活費が125フランとありますから、1フラン＝2,000円で換算すると、1,000フランは200万円ぐらいということになるのでしょうか。そうすると、200万円でミレーが画商に売ったのが16億円に値上がりしたということになります。なお、ついでながら、2003年初夏に東京でオルセー美術館所蔵のミレーの3大名画展（「晩鐘」「落穂拾い」「羊飼いの少女」）があり、筆者も、この名画を鑑賞することができました。

このように、美術作品は、音楽や文学と違って、商品化された作品が投機の対象になるという意味で、資本主義の発展、商品経済の発展と結びついており、投機の対象にもなるため、バブル経済ともつながっているといえるでしょう。

《文学──シェイクスピア》

文学については、マルクスは、『資本論』のなかで、ゲーテとか、ハイネとか、ダンテとか、さまざまなところで引用したり、言及したりしており、それぞれ興味深い話があります。しかし、紙数の限りもあるので、ここでは、シェイクスピアのことにだけ簡単にふれておきます。

マルクスは、シェイクスピアの作品をひじょうに愛読していて、『資本論』では第一篇の「商品と貨幣」だけで、シェイクスピアを4回も引用しています。

マルクスの初期の研究に「経済学・哲学草稿」（1844）という文献があります。そのなかでマルクスは、シェイクスピアの「アテネのタイモン」からの一節を2ページにわたって引用しています。そして、「シェイクスピアは貨幣の本質をすばらしくえがいている」と書いて、シェイクスピアの貨幣についての考えを深く研究しています。その内容は、ほぼそのまま、『資本論』第Ⅰ巻第

一篇「商品と貨幣」第3章第3節「貨幣」に使われています（①、223〜224ページ。原書、147ページ）。

またマルクスは、『資本論』の搾取論のところで、「ベニスの商人」に出てくるシャイロックを引用して、資本の本性を示していると指摘しています。

シェイクスピアは、年表を見たらわかるように、ちょうどイギリスやオランダ、地中海沿岸で商業が盛んになり、資本主義的な生産様式が生まれて発展し始めた頃、1564年に生まれ、1616年に亡くなっています。つまり「本源的蓄積の時代」、あるいは「マニュファクチュアの時代」にあたります。ですから、シェイクスピアの文学には、商品経済や、貨幣経済、生成しつつある資本主義の特質がひじょうにくっきりと出てくるのです。『資本論』でマルクスがシェイクスピアを引用するのも、こうした背景があるわけです。

《哲学──ヘーゲル》

哲学については、ヘーゲルにだけ簡単にふれておきます。ヘーゲル（1770〜1831）の生きた時代は、ちょうどイギリスの産業革命の時代、またフランスの大革命の時代にあたります。ついでにいえば、ベートーベン（1770〜1827）、ゲーテ（1749〜1832）、ナポレオン（1769〜1821）といった人物が、ちょうど同時代の人物です。

ヘーゲルが生きて活動した頃のドイツは、当時の先進国であるイギリスやフランスの近代化の流れに大きく立ち遅れて、およそ300もの封建的な領邦に分裂した反動的な寄せ集め状態となっていました。近代化に立ち遅れたドイツでは、哲学思想の分野でもイギリスの経験論やフランスの唯物論にたいし、もっぱら内面化・理念化した観念論が発展していました。ヘーゲルは、ドイツ観念論哲学を最高度に発展させて、宗教批判、法哲学、歴史哲学を体系化し、論理学では観念論の立場から弁証法を完成させました。

マルクスは、『資本論』第Ⅰ巻の「第2版のあとがき」のなかで、ヘーゲルについて、次のように述べています。

> 「それゆえ私は、自分があの偉大な思想家の弟子であることを公然と認め、また価値理論にかんする章のあちこちで、彼に固有な表現様式に媚を呈しさえした。弁証法がヘーゲルの手のなかでこうむっている神秘化は、彼が弁証法の一般的な運動諸形態をはじめて包括的で意識的な仕方で叙述したということを、決してさまたげるものではない」（①、28ページ。原書、27ページ）。

ヘーゲルの哲学、とりわけヘーゲルの弁証法の研究は、マルクスの『資本論』の方法が確立するうえで、不可欠の役割を果たしました。マルクスは、「弁証法はヘーゲルにあってはさか立ちしている。……それをひっくり返さなければならない」として、『資本論』で見事にそれを成し遂げたのです。

《経済学の革命と科学的社会主義》

　経済学は、資本主義とともに発展してきました。まずいちばん最初に、16世紀から17世紀にかけて重商主義と呼ばれる経済学が生まれます。それからフランソワ・ケネーを中心とする重農主義がフランスを中心に活躍します。そして、18世紀の後半から19世紀の前半にかけて古典派経済学が発展しました。これらの重商主義、重農主義、古典派経済学は、いずれも階級的にはブルジョアジーの立場を代表する経済学（ブルジョア経済学）ですが、ブルジョアジーが成長・発展するのにつれて、その経済学も発展してきたといえます。

　次項の「13　土地所有者・資本家・賃労働者。三大階級の闘い」で見るような階級闘争の発展、近代プロレタリアートの登場を背景として、科学的社会主義の理論と運動が始まります。マルクスとエンゲルスの「共産党宣言」が1848年、『資本論』の初版が1867年です。『資本論』初版の序言でマルクスは「19世紀のアメリカの内乱（南北戦争）はヨーロッパの労働者階級にたいして出動準備の鐘を打ち鳴らした」と書いています。マルクスは、こうした鐘が高らかに鳴り始めたのを、誰よりもひしひしと感じながら、全身全力をかけて『資本論』を執筆していたわけです。

　【年表Ⅰ】では、経済学の欄のなかで、『資本論』の発刊の歴史的な意義がわかるように大きく位置づけてあります。マルクスは、ブルジョア経済学の最高に発展した古典派経済学の代表であるアダム・スミス、デーヴィッド・リカードウなどの著作を徹底的に研究して、『資本論』を仕上げます。ですから、『資本論』は、それまでのブルジョア経済学の科学的成果を探究して、それをプロレタリアートの立場から徹底的に批判し、理論的な意味での「経済学の革命」を起こしたものということができます。

　マルクスとエンゲルスがどのようにして経済学の革命を成し遂げて『資本論』を書き上げたか、またそれらの草稿を編集・出版したか、さらに科学的社会主義の思想と理論がどのように形成され、公刊されてきたか、——これらについては、一覧形式の【年表Ⅳ】で示します。のちに第4章で、詳しくその内容を説明することにします。

> **南北戦争**（1861〜65）
> 　米国で、奴隷制擁護の南部諸州と奴隷制反対の北部諸州の間でたたかわれた内戦。奴隷解放宣言（1863）を発布したリンカーン大統領の指導する北軍が勝利し、終結した。

13　土地所有者・資本家・賃労働者。三大階級の闘い

　次に、【年表Ⅰ】の上部構造のなかの「階級闘争」の特徴を見てみましょう。マルクスは、『資本論』第Ⅲ巻の最終章（第52章）を「諸階級」という表題で書き始めていますが、そこでは、冒頭の文章だけしか書いてありません。

　先に本書の序章で紹介したように、エンゲルスの解説によると、マルクスは、この章で「資本主義社会の三大階級——土地所有者・資本家・賃労働者——と、彼らの実存とともに必然的に生じてくる階級闘争」について書くつもりであっ

第1章　世界の資本主義の生成と発展の歴史　45

たといいます。

　マルクスが第52章を書き続けていたとしたら、果たしてどのような内容になっていたか。それを期待することは、いまやかなわぬこととなりました。そこで、ここでは、三大階級の階級闘争の基本的な対決の構図について、マルクスにかわって簡単に説明しておきましょう。封建時代からの長い流れで見ると、三大階級の階級闘争は、大づかみにみると四つの時期に分けて考えることができるでしょう。

　第一の時期は、14世紀から16世紀にかけての中世の末期には、王侯貴族、封建領主、特権的な教会という支配層にたいして、被支配者である農奴・都市の貧民、都市の手工業者、商人などの市民層が闘いました。この時期には、新しい近代社会をつくる指導的な理論、理念がないまま、矛盾はひじょうに激しくなっていきます。その結果、方向がわからないまま一揆的な闘争がおこなわれるようになります。封建時代を支えていた教会にたいする宗教改革も重要な一環をなしていました（エンゲルスの「ドイツ農民戦争」は、この時期の階級闘争を、生き生きと描いています）。

　第二の時期は、16世紀から17世紀、18世紀にかけて、しだいに新興のブルジョアジーが力をつけてきて、封建貴族との闘いの主導権を握り始めます。新しい社会の理念、資本主義社会の理論、イデオロギーも発展してきます。中世の宗教にかわって哲学や自然科学が発展し、しだいに社会に関する科学、社会思想や経済学も誕生します。しかし、ブルジョアジーは、数からいえば、まだそんなに多くはありません。圧倒的な多数者は農民や労働者・下層民です。ですから、ブルジョアジーは、自分たちだけで封建領主と闘う力はないのです。だから、いつでも、近代的プロレタリアートの先駆者たちや農民を味方につけて、むしろ犠牲は、そういう下層民の同盟者たちにかぶせて、ブルジョア民主主義革命の成果だけをかすめとろうとします。

　第三の時期は、19世紀の半ば頃から、いよいよ本格的に近代プロレタリアートが階級闘争の主役として登場してきます。それまで、王権や封建貴族との闘争では同盟者だった労働者階級と資本家階級が、階級闘争の主要な登場人物として対決するようになります。そこで、ブルジョアジーは、今度は、これまで闘う相手だった封建的勢力と手を結んで、階級的な支配体制を守ろうとするようになります。とりわけ、19世紀の末からは、ブルジョアジーは、独占資本として、ますます反動化するようになります。

　第四の時期は、20世紀に入ってから、本格的な独占資本主義の時代に入り、欧米日の資本主義諸国が帝国主義としての性格を強めるにつれて、階級闘争は、国内だけでなく植民地・従属国の民族解放の闘いと結びついた国際的な特徴をもつようになってきます。そして二度の過酷な世界大戦を経て、20世紀の後半には、植民地体制が崩壊し、アジア・アフリカ・ラテンアメリカの諸国が政治的独立をかちとって100を超える新しい国々が主権国家となりました。国内に

宗教改革

　1512年のマルチン・ルターがローマ教皇の免罪符販売を攻撃したことから始まり、16世紀に欧州全域に広がった宗教運動。ローマ・カトリック（旧教）にたいするプロテスタント（新教）を生んだ。

おいては、国家権力を握った一握りの独占資本にたいする労働者階級と農民・中小企業者との同盟を軸とする勤労国民の統一戦線が形成され、新しい反独占の民主主義的な性格の革命運動が発展するようになります。

21世紀の現代は、基本的には第四の時期が続いているわけですが、資本主義の限界がますます明らかになるとともに、世界史的には資本主義にかわる新しい社会、社会主義・共産主義社会をめざす階級闘争が発展する、新しい社会変革の時代に入ってきているといえるでしょう。

14 世界恐慌の歴史

【年表Ⅰ】では、世界恐慌の歴史についても、その勃発した年を書き入れてあります。年表の「経済」欄の最上部の1800年代のところを右へ見ていくと、「世界恐慌史」という文字が目に入るはずです。マルクスは、『資本論』第Ⅰ巻の「第2版へのあとがき」の末尾の部分で、次のように述べています。

　　「資本主義社会の矛盾に満ちた運動は、実際的なブルジョアには、近代産業が通過する周期的循環の浮沈においてもっとも痛切に感じられるのであって、この浮沈の頂点が ── 全般的恐慌である」（①、29ページ。原書、28ページ）。

ちなみに、マルクスがこう書いた「第2版へのあとがき」の日付は、1873年1月24日となっています。マルクスが述べているように、19世紀の産業資本主義は、周期的に全般的過剰生産恐慌という矛盾の爆発を繰り返しながら発展してきたのですが、こうした世界的な恐慌が最初に始まったのは、1825年でした。それから1836、47、57、66、73、……というように、19世紀には、ほぼ10年周期ぐらいで世界恐慌が起こっていました。この10年周期という点については、マルクスは『資本論』第Ⅱ巻のなかで、当時の固定資本の更新がほぼ10年間隔でおこなわれるという物質的な条件があったからだと述べています。[注]

　　「大工業のもっとも決定的な諸部門については、この〔産業の ── 引用者〕生命の循環はこんにちでは平均して一〇年と想定しうる。しかしここでは、特定の年数が問題ではない。ただ次のことだけは明らかである ──資本がその固定的構成部分によって縛りつけられている、連結した諸回転からなる、数年間にわたるこのような循環によって、周期的恐慌の一つの物質的な基礎が生じるのであり、この循環のなかで、事業は、弛緩、中位の活気、大繁忙、恐慌、という継起する諸時期を通るのである」（⑥、290ページ。原書、185〜186ページ）。

19世紀末になってくると、イギリスを中心に長期的な世界不況が続き、恐慌の10年周期という法則性はだんだんくずれてきます。この点について、エンゲルスは、『資本論』第Ⅰ巻の英語版の「編集者の序言」のなかで、次のように

第1章　世界の資本主義の生成と発展の歴史　47

述べています。

「生産力は幾何級数的に増大するのに、市場の拡大はせいぜい算術級数的にしか進まない。一八二五年から一八六七年まで絶えず繰り返された、停滞、繁栄、過剰生産、および恐慌という一〇ヵ年の循環は、確かにもう終わったように見える。だがそれは、ただわれわれを永続的で慢性的な不況という絶望の淵におとしいれるためでしかない」（①、44ページ。原書、40ページ）。

さらに20世紀に入ると、二度の世界大戦などの影響で恐慌の発現形態には、さまざまな複雑な変化が表れてきます。しかし、どのように形態が変化したとしても、資本主義の矛盾の現れとしての経済恐慌がなくなることはありません。実際に、われわれは、つい最近も、2008年／09年には、世界的な金融恐慌・世界恐慌を経験したばかりです。

ここでは、資本主義の生成・発展の歴史を見るときには、資本主義の矛盾の爆発としての経済恐慌のことを忘れてはいけないということをあらためて指摘しておきましょう。

（注）毎回の世界恐慌が始まったのがいつかという点では、いろいろな恐慌の経済指標のとらえ方がありますから、研究者によっても、恐慌の年代には若干の差異があります。【年表Ⅰ】のなかの恐慌の年代は、Ｅ・ヴァルガ『世界経済恐慌史』（岩崎書店）、飯田貫一・エリ・ア・メンデリソン『恐慌の理論と歴史』（青木書店）、三宅義夫『マルクス・エンゲルス・イギリス恐慌史論』（大月書店）、林直道『恐慌の基礎理論』（大月書店）などを参考にしてあります。

15 資本主義的蓄積の歴史的傾向

『資本論』は、第Ⅰ巻の結論部分にあたる第24章第7節「資本主義的蓄積の歴史的傾向」のなかで、資本主義から未来社会への移行の展望、その歴史的必然性について、次のように述べています。『資本論』のなかでももっとも重要な力強い文章の一つなので、少し長く引用しておきましょう。

「この転化過程が旧社会を深さと広がりから見て十分に分解させてしまえば、労働者がプロレタリアに転化され彼らの労働諸条件が資本に転化されてしまえば、資本主義的生産様式が自分の足で立つことになれば、ここに、労働のいっそうの社会化、および、土地その他の生産手段の社会的に利用される生産手段したがって共同的生産手段へのいっそうの転化、それゆえ私的所有者のいっそうの収奪が、新しい形態をとる。いまや収奪されるべきものは、もはや自営的労働者ではなく、多くの労働者を搾取する資本家である。

こうした収奪は、資本主義的生産そのものの内在的諸法則の作用によって、諸資本の集中によって、なしとげられる。一人ずつの資本家が多くの

資本家を打ち滅ぼす。この集中、すなわち少数の資本家による多数の資本家の収奪と相ならんで、ますます増大する規模での労働過程の協業的形態、科学の意識的な技術的応用、土地の計画的利用、共同的にのみ使用されうる労働手段への労働手段の転化、結合された社会的な労働の生産手段としてのその使用によるすべての生産手段の節約、世界市場の網のなかへのすべての国民の編入、したがってまた資本主義体制の国際的性格が、発展する。この転化過程のいっさいの利益を横奪し独占する大資本家の数が絶えず減少していくにつれて、貧困、抑圧、隷属、堕落、搾取の総量は増大するが、しかしまた、絶えず膨張するところの、資本主義的生産過程そのものの機構によって訓練され結合され組織される労働者階級の反抗もまた増大する。資本独占は、それとともにまたそれのもとで開花したこの生産様式の桎梏となる。生産手段の集中と労働の社会化とは、それらの資本主義的な外被とは調和しえなくなる一点に到達する。この外被は粉砕される。資本主義的私的所有の弔鐘が鳴る。収奪者が収奪される。

　資本主義的生産様式から生まれる資本主義的取得様式は、それゆえ資本主義的な私的所有は、自分の労働にもとづく個人的な私的所有の最初の否定である。しかし、資本主義的生産は、自然過程の必然性をもってそれ自身の否定を生み出す。これは否定の否定である。この否定は、私的所有を再建するわけではないが、しかし、資本主義時代の成果 —— すなわち、協業と、土地の共有ならびに労働そのものによって生産された生産手段の共有 —— を基礎とする個人的所有を再建する」（④、1305～1306ページ。原書、790～791ページ）。

マルクスは、右の文章の最後の文章に、自ら（注）を付して、次の『共産党宣言』の一説を引用しています。この引用部分は、資本主義から未来社会への移行を推進する主体が労働者階級（プロレタリアート）であること、資本主義は、新しい社会への移行の客観的条件をつくり出すだけでなく、その主体的条件もつくり出すということを明確に述べています。

　「ブルジョアジーをその無意志、無抵抗な担い手とする産業の進歩は、競争による労働者の孤立化の代わりに、結社による労働者の革命的団結をもたらす。したがって、大工業が発展するにつれて、ブルジョアジーが生産を行い生産物を取得する基礎そのものが、ブルジョアジーの足もとから取り去られる。ブルジョアジーはなによりもまず自分自身の墓掘り人を生産する。ブルジョアジーの没落とプロレタリアートの勝利とは、どちらも不可避である」（「共産党宣言」からマルクスが『資本論』第Ⅰ巻で引用。④、1307ページ。原書、791ページ）。

【年表Ⅰ】では、労働者階級の形成とその成長の過程を、階段状の網の部分で表わして、その面積がしだいに拡大することで示しています。労働者階級が数的に増大し、社会の主要な階級勢力になることが社会変革の基本的前提にな

第1章　世界の資本主義の生成と発展の歴史　49

るからです。

マルクスとエンゲルスは、「共産党宣言」のなかで、新しい社会への移行を実現する闘いが、多数者のための、多数者による運動であり、それは長期にわたる困難をともなうが、労働者階級の団結と政党への組織化は、幾多の困難を乗り越えてすすむことを強調しています。

「これまでのすべての運動は、少数者の運動であったか、または少数者の利益のための運動であった。プロレタリア的運動は、大多数者の利益のための大多数者の自立的運動である。現今の社会の最下層であるプロレタリアートが起きあがり、立ち上がれば、かならず公的社会をかたちづくっている諸階層の上部構造全体が爆破される」。「ときには労働者たちは勝つこともあるが、それはただ一時的でしかない。彼等の闘争の本来の成果は、直接の成功ではなくて、労働者たちがますます広く自分のまわりに広げてゆく団結である」。「プロレタリアの階級への、したがってまた政党へのこの組織化は、労働者たち自身のあいだの競争によって、いつでもくりかえし破られる。しかしそれは、つねにいっそう強力で強固で有力になって復活する」（『共産党宣言』、国民文庫版、56～59ページ）。

（補足）奴隷制度について

【年表 I 】では、最初に述べたように、資本主義がもっとも早く発達した西ヨーロッパを中心に描かれています。しかし、西ヨーロッパの資本主義の発展を考えるときに絶対に忘れてならないのは、西ヨーロッパ（およびアメリカ）の資本主義の発展は、アフリカや中南米の奴隷制度による徹底的な搾取・収奪を土台にして、初めて実現したということです。『資本論』では、このことをひじょうに厳しく糾弾しています。

「綿工業はイギリスに児童奴隷制を導入したが、それは同時に、合衆国の従来の多かれ少なかれ家父長的であった奴隷経営を商業的搾取制度に転化させるための刺激をも与えた。一般に、ヨーロッパでの賃労働者の隠蔽された奴隷制は、その台座として、新世界での"露骨な"奴隷制を必要とした」（④、1300ページ。原書、787ページ）。

「マニュファクチュア時代を通じて資本主義的生産が発展するにつれ、ヨーロッパの世論は羞恥心や良心の最後の残りかすまで失ってしまった。諸国民は、資本蓄積の手段としてのあらゆる醜行を恥知らずにも自慢した。……（中略）……リヴァプールは奴隷貿易を基盤に大きく成長した。奴隷貿易はリヴァプールにおける本源的蓄積の方法である。……（中略）……リヴァプールが奴隷貿易に使用した船は、一七三〇年には一五隻であったが、一七五一年には五三隻、一七六〇年には七四隻、一七七〇年には九六

リヴァプール
　イングランド北西部の港湾都市。産業革命期に奴隷貿易で繁栄した。20世紀後半には、ビートルズ誕生の地としても知られる。

隻、一七九二年には一三二隻であった」（④、1299〜1300ページ。原書、787ページ）。

奴隷制度と奴隷貿易は、16世紀から始まって、19世紀の半ばまで、実に300年間も、ヨーロッパとアメリカの資本主義発展と繁栄を支えていたのです。これは単なる過去のもう終わったこと、過去の歴史のエピソードといってすませられる問題ではありません。今日のアフリカの問題などを考えるときに、忘れてはならない視点であるということを、ここであらためて強調しておきます。

※　　※　　※　　※

最後に、『資本論』以後の資本主義の歴史について、簡単にふれておきましょう。

20世紀の資本主義は、資本主義の歴史全体のなかでどう位置づけられるか。これについては、レーニンは、1917年に発表した『帝国主義論』のなかで、20世紀の資本主義の特徴を「独占資本主義を経済的本質とする帝国主義」の時代、「資本主義の最高に発達した段階」ととらえました。

レーニンが、資本主義の「最高の段階」といった意味は、16世紀以来の500年余の資本主義の時代のなかの「最高の段階」ということです。こうした帝国主義の経済的本質をとらえたうえで、レーニンは、その「歴史的地位」を「資本主義制度からより高度の社会経済制度への過渡」と位置づけました。それは、「帝国主義はプロレタリアートの社会革命の前夜である」として、20世紀には新しい社会への移行が始まるという時代認識をもっていたからだと思われます。

レーニンが『帝国主義論』を書いたのは、20世紀がまさに始まったばかりのときでしたが、いますでに20世紀が終わり、21世紀が始まっています。果たしてこれから先、21世紀はどういう時代になるか。資本主義の後の未来社会への移行はどうなるのか。

いまあらためて、資本主義の500年余の歴史を振り返ってみると、長いようですが、人類史のスケールでみればひじょうに短い時間です。資本主義の前の封建時代は1000年以上の歴史があるし、その前の古代奴隷制はさらに数千年、その前の原始共産制にいたっては数万年、数十万年という気の遠くなるような長さです。これに比べると、資本主義の歴史の500年余という時間は、本当にわずかな期間にすぎません。しかし、この500年ぐらいの資本主義時代は、人類にとってはひじょうに重要な、決定的に大事な時代になりました。

21世紀のいま、『資本論』を読み、学ぶ意義は、いっそう大きくなっています。

第1章　世界の資本主義の生成と発展の歴史　51

【年表Ⅱ】日本資本主義発達史の165年（1850〜2015）

	1850年代	1860	1870	1880

世界 画期

1848「共産党宣言」

57/58 経済学批判要綱
57 世界恐慌

64 第一インターナショナル
61/65 米・南北戦争
66 世界恐慌
67「資本論」Ⅰ
68 英労働組合会議

70 普仏戦争
71 パリ・コミューン
（70 レーニン生誕）
73 米・金本位制
73 世界恐慌

77 露土戦争
78 独・社会主義者鎮圧法

82 世界恐慌
83 マルクス没
85「資本論」Ⅱ
86 米・AFL結成

73　　イギリスの大

産業資本主義の時代　　（自由競争 ——

生産と資本の集積・集中
（生産と労働の社会化）

紡織機械　軽工業　熟練労働者　蒸気機関　工場法　鉄道　重化学工業　電力

西暦	50	55	万延元	慶応元	1868明治元	70	75	80	85
元号	嘉永3 4 5 6	安政2 3 4 5 6	文久元 2 3 4	慶応元 2 3	明治元 2	3 4 5 6 7 8 9 10 11 12		13 14 15 16 17	18 19 20
内閣	徳川家慶	家定 家茂		慶喜				伊藤	

思想・文化（世相）

50 高野長英自殺
51 本木昌造・活版印刷
51 ジョン・万次郎帰国
51（松陰、海舟、龍馬ら佐久間象山・五月塾）

56 57 吉田松陰の松下村塾
57 二宮尊徳没
59 吉田松陰没

62 幕府、洋書調所
63 長崎のグラバー邸
65 福沢諭吉ら（五代友厚ら）
66 福沢諭吉「西洋事情」
68 福沢諭吉・慶應義塾創始

69 ・立命館創始
西園寺公望

71 散髪・廃刀の自由
72 諭吉「学問のすすめ」
72 明六雑誌
74 諭吉「文明論の概略」
75（76 廃刀令）
78「米欧回覧実記」
79 朝日新聞
74 読売新聞
78 東京日日新聞

82 ルソー「民約訳解」
83 鹿鳴館開館
85 諭吉「脱亜論」
85「小説神髄」坪内逍遥

87 雑誌・国民之友

階級闘争

37 大塩平八郎の乱

農民一揆激発
打ちこわし増大

67（ええじゃないか）農民暴動

69 生野鉱山騒擾

71 広島県電信騒擾

72 高島炭鉱騒擾
73〜76 地租改正反対一揆
74（佐渡鉱山騒擾）
（74 ワッパ一揆）
73 民撰議院設立建白書

78 竹橋事件
79 高島炭鉱スト

80 国会期成同盟
81 自由党

82 福島事件
82 和歌山木挽職エスト
83 三池炭鉱囚人スト
84 秩父事件・加波山事件
86 雨宮製糸紡績女エスト

（70年代後半から80年代）

明　治　維　新

自由民権運動

戦争・外交 政治（植民地支配）

50 英軍艦那覇入港
51 水野忠邦没
53 ペリー来航
53 露軍艦長崎へ

54 日米和親条約・下田条約
56 米総領事ハリス着任
58 開港
58 日米修好通商条約（安政五カ国条約）
58 安政の大獄
60 桜田門外の変

62 生麦事件
62 63 薩英戦争
63 長州藩・下関砲撃
64 64 高杉晋作挙兵
64 池田屋騒動
66 67 長州征討
66 67 薩長同盟

68 戊辰戦争
68 大政奉還
69 版籍奉還
1868 王政復古

71 岩倉米欧回覧使節団
71 廃藩置県
71 内務省設置
72 学制

73 74 台湾出兵
73 征韓論
75 千島樺太交換条約
75 讒謗律
76 日朝修好条規
74 江華島事件

77 西南戦争
78 大久保利通暗殺
79 琉球処分

81 明治14年の政変
82 朝鮮・壬午軍乱
82 軍人勅諭

84 朝鮮・甲申政変
85 天津条約
85 内閣制度

86 条約改正会議
87 保安条例

経済

矛盾

50 江戸の大火
55 安政の大地震
開港後の物価高騰

階級構成	士	190	（6%）
	農	2750	（82）
	工	100	（3）
	商	250	（5）

68 綿凶作
輸入開始

81 松方財政不況 ★デフレ
84 破局的恐慌
〈体制的沈静期〉

1888			
地主資本	45	（0.7%）
民工	13	（0.2）
農商	1618	（25.7）
資農	647	（10.3）
商	2955	（47.0）
労働	201	（3.2）

賃労働

68 囚人労働

72 人身売買禁止
74 北海道屯田兵
74 高島炭鉱囚人労働

85 深夜二交代制

資本

50 佐賀藩・反射炉製造
56 蘭製工作機械輸入
61 福沢諭吉訪米（遣欧使節随員）
66 66 軍艦千代田丸建造
66 英製紡績機械輸入

70 70 71 工部省・前橋・伊式製糸法
70 71 新貨条例
71 東京・横浜間鉄道開通
71 郵便開始
72 富岡・仏式製紙法
72 三菱商会

79 砲兵工廠条例
80 工場払下概則
81 松方財政
82 日本銀行設立
82 洋式溶鉱炉
83 大阪紡績会社
80 紡績連合会

土地所有

17世紀〜19世紀
・新田開発による耕地拡大
生産力上昇
●**商品生産の発展**
●地主制の生成

69 土地私有公認

71 72 田畑勝手
71 72 土地永代売買解禁
73 地租改正

76 76 秩禄処分
79 札幌農学校

81 大日本農会
81 農商務省

86 北海道土地払下規則

〈地主的土地所有の
（小作地率　1884年 35.2%）

画期

マニュファクチュアの発展　　〈本源的蓄積の進行〉——

（注）階級構成表＝明治維新時点表→山田盛太郎『日本資本主義分析』などを参考に推定。1888、1914、1935表→①農民には漁民含む。②商工自営には医者、技師などを含む。③労働者
1950〜1990表→都市＝都市自営業者（商工自営、専門的・技術的職業）。（出所）友寄英隆「1980年代に階級構成はどう変化したか」『赤旗評論版』1992.6.22

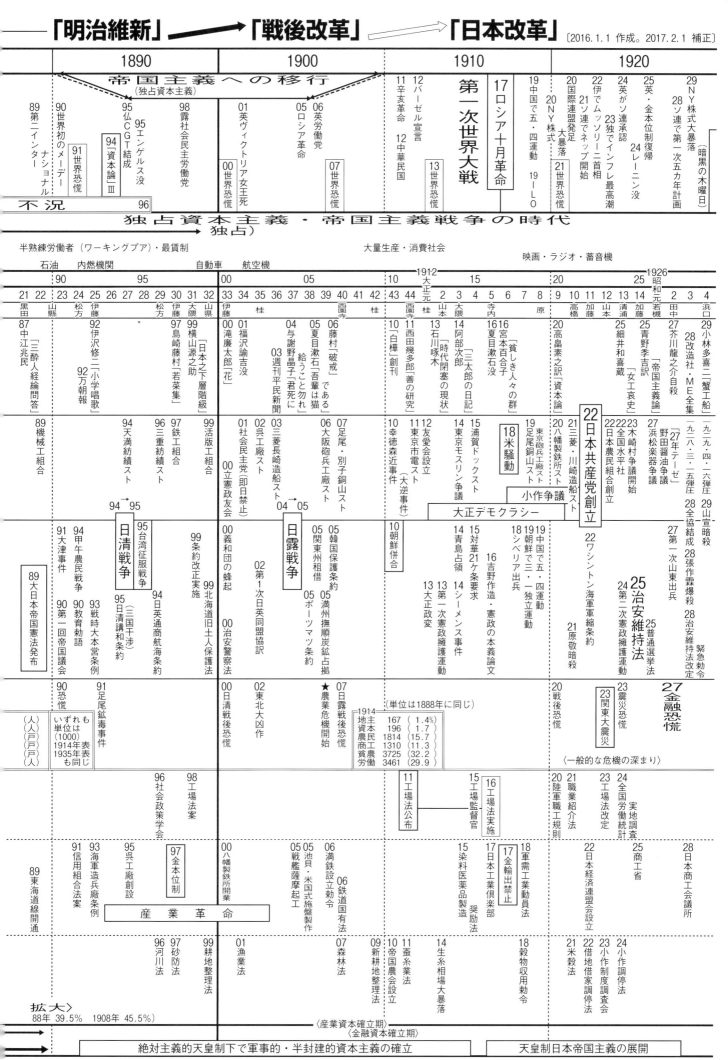

（続き）　【年表Ⅱ】日本資本主義発達史の165年（1850〜2015）

	1930	1940	1950	1960

世界

31 英・金本位制離脱｜32 独でナチス第一党に｜33 独でヒトラー内閣｜34 中国で長征開始　33米でニューディール　34米でSEC設置　37世界恐慌｜35 コミンテルン第七回大会｜36 スペイン内乱勃発｜39 独がポーランド進駐｜第二次世界大戦｜43 カイロ宣言｜45 ヤルタ会談（2月）　ポツダム会談（7月）★戦後恐慌｜45 国際連合設立　47トルーマンドクトリン　48ソ連・ベルリン封鎖　49英ポンド切下げ　47ガット発効｜朝鮮戦争　50ストックホルム　アピール　53世界恐慌｜49 中華人民共和国　50｜53 スターリン没　53 ジュネーブ協定　54 バンドン会議　55 ソ連共産党第20回大会　56 ハンガリー事件　57 世界恐慌｜56 ソ連人工衛星打ち上げ　59キューバ革命｜59 中ソ国境紛争　60 中ソ論争　61 ベルリンの壁　61 非同盟会議　61 世界恐慌｜62 キューバ危機　63 ケネディ暗殺｜「文化大革命」　中国で紅衛兵運動　64トンキン湾事件　65北爆開始　66「切り下げ」英がポンド　67同盟危機｜68 ソ連がチェコ侵略｜ベトナム侵略戦争　米でベトナム反戦運動｜71 金・ドル交換停止　70世界恐慌　70反戦運動

世界 画期

金本位制の崩壊　テレビ｜国家の経済への介入　核兵器｜「冷戦」の時代　植民地主義（国家独占資本主義）IMF／ドル支配の時代　生産と資本の集積・集中……｜国連、国際経済機構の形成　（原子力発電）　人工衛星

西暦・元号・内閣

西暦	30	35	40	45	50	55	60	65	70
元号	5 6	7 8 9 10 11 12 13 14	15 16 17 18 19	20 21 22 23 24	25 26 27 28 29	30 31 32 33 34	35 36 37	38 39 40 41 42	43 44	45 46
内閣	若槻 犬養	斉藤 岡田	広田 林 近衛 平沼 阿部 米内 近衛 東条	小磯 ※鈴木 東久邇 幣原	吉田 片山 芦田	吉田	鳩山	石橋 岸	池田	佐藤	田中

思想・文化（世相）

30「日本資本主義発達史」野呂栄太郎｜33 小林多喜二虐殺さる　32 唯物論研究｜（35吉川英治「宮本武蔵」）　（国民歌謡始まる）（35 芥川賞・直木賞開始）｜36 高村光太郎「智恵子抄」｜39 双葉山の69連勝｜41｜45 宮本百合子｜47 石坂洋次郎「青い山脈」　「歌声よおこれ」｜49 湯川秀樹ノーベル賞｜51 峠三吉「原爆詩集」｜（52「君の名は」）｜54 映画「七人の侍」　54 石原慎太郎「太陽の季節」　54「ゴジラ」｜57 松本清張「点と線」｜61 NHK連続TV小説開始｜63 NHK大河ドラマ｜61 アニメ「鉄腕アトム」開始｜66「ウルトラマン」｜68 司馬遼太郎「竜馬がゆく」｜69 映画「男はつらいよ」｜72 漫画「ドラえもん」　上野動物園にパンダ

階級闘争

32年テーゼ｜32/33 宮本顕治検挙　27/36 日本資本主義発達史講座｜35 小作争議ピーク｜徹底的に弾圧　組織的な運動を｜だが、牢獄でもたたかいは続く｜45 日本共産党・4回大会　45 読売争議（生産管理闘争）　46 食料メーデー　47 二・一スト　（49 下山・三鷹・松川事件）｜49 レッド・パージ　50 六・六追放｜54 原水禁運動始まる　54 ビキニ被爆　55 砂川闘争　56 沖縄で島ぐるみ闘争　56 瀬長那覇市長｜59・60 安保闘争　三池闘争｜61 日本共産党綱領8回大会｜65 66 物価メーデー　ベトナム反戦一日共闘｜67 革新都政誕生　67 四大公害裁判｜68 大学闘争　（沖縄統一行動）

戦争・外交 政治（植民地支配）

15 年 戦 争　日 中 戦 争　太平洋戦争｜30 ロンドン海軍軍縮条約｜31 中国侵略（満州事変）｜32「満州国」成立｜33 国際連盟脱退　34 天皇機関説問題｜36 日独防共協定｜37 南京占領（南京大虐殺）　37 日中戦争（盧溝橋事件）｜39 ノモンハン事件　41 日米戦争　40 大政翼賛会｜45 沖縄戦　45 広島・長崎へ原爆投下｜45 敗戦　戦後改革｜47 日本国憲法｜45 米軍占領｜52 サンフランシスコ講和　安保条約発効｜サンフランシスコ講和条約で「独立」後も、国土・沖縄は米軍占領が続く｜52 日ソ国交回復　55 国連加盟　52 IMF・世銀加盟　54 MSA協定　54 防衛庁・自衛隊法　55 自由民主党結成　59 皇太子結婚｜60 新安保条約｜61 池田・ケネディ共同声明｜64 OECD加盟　IMF八条国｜65 日韓基本条約｜66 アジア開銀｜69 佐藤・ニクソン共同声明｜68「明治百年」　69 大学闘争｜70 公害国会

32・五・一五事件　36 二・二六事件

経済 — 矛盾

30 昭和恐慌開始　★デフレ　階級構成｜34 東北大凶作｜

（単位は1888年に同じ）
1935
地本　160（0.8%）
資本　525（2.7）
農民　1935（9.9）
商工　2094（10.8）
貧農　3879（19.9）
労働 10021（51.5）

★戦時体制の崩壊　食料危機｜★大量失業　★物資不足　★インフレ｜失業者1399万人｜49・50 戦後危機　★デフレ　50ドッジ恐慌｜朝鮮特需｜1950＝（1000人）
資本漁　681（1.9%）
農漁　16189（44.6）
都市　5214（14.4）
労働　13888（38.2）｜54 不況（神武景気）｜57 なべ底不況（岩戸景気）｜64 公害問題　65 証券不況｜いざなぎ景気｜1960
資本　1183（2.7%）
農漁　13486（30.6）
都市　6614（15.0）
労働 22237（50.5）｜1970
資本漁
農
都市
労働

経済 — 賃労働

31 労働組合法案　審議未了に｜32 満州移民計画｜36 労働組合員数ピーク（42万0589人）｜41 労働者年金保険｜45 労働組合法｜46 生活保護法（大衆収奪法）｜46 47 労働関係調整法　47 労働基準法（電産型賃金）｜49 レッドパージ　49 団体等規正令｜53 スト規制法｜54 春闘始まる｜58 職業訓練法　59 最賃法｜60 朝日訴訟判決　60 ZD運動｜63 3重合併｜65 商用原発稼働　65 国鉄5万人合理化｜67 資本の自由化｜70 家内労働法

経済 — 資本

30 金解禁｜31 金輸出禁止｜33 重要産業統制法｜38 国家総動員法　37 百貨店法｜41 国家資金計画・物資統制令｜3大改革　改革　労働　財閥　農地｜48 経済安定九原則　49 シャープ勧告　49 ドッジライン｜53 企業合理化促進法｜55 経済自立五カ年計画　55 日本生産性本部　57 日米原子力研究協定｜60 所得倍増計画｜63 3重工合併｜64 東京五輪｜65 資本の自由化｜68 GNP世界第二位｜70 新日鉄　70 大阪万博　70 GNP世界第二位

経済 — 土地所有

33 米穀統制法｜42 食糧管理法　43 農業団体法｜解体　改革　農地｜46 食糧緊急措置令｜52 食糧増産五カ年計画　52 二重米価方式｜55 原子力基本法｜61 農業基本法　61 全国総合開発計画　62 新産都市促進法　63 バナナ自由化｜64 公害対策基本法｜67 公害対策基本法｜68 日米原子力協定（旧）　69 減反政策｜70 総合農政｜71 農村地域工業導入　71 農政

画期

《戦後改革期》〈戦後独占資本の復活・「高度成長」〉輸出主導型蓄積・再生産構造の形成……

天皇制戦時国家独占資本主義｜《戦後改革期》｜対米従属下で国家独占資本主義の再編

「明治維新」→「戦後改革」⇒「日本改革」

〔2016.1.1 作成。2017.2.1 補正〕

年代： 1970　1980　1990　2000　2000　2010

国際情勢

72 ニクソン訪中／71 中国の国連参加
73 第一次石油危機
75 ベトナム戦争終結／75 新「メガ」刊行開始
79 ソ連アフガン戦略
79 第二次石油危機
79 女性差別撤廃条約
81 レーガンの経済再生計画
80 世界恐慌
85 ソ連・ゴルバチョフ書記長
85 プラザ合意
86 ソ連チェルノブイリ事故
87 NY株式暴落
89 東西ドイツ統一
89 中国・天安門事件
89 ベルリンの壁消滅
91 ソ連崩壊
91 湾岸戦争
92 ユーゴ解体
93 EC統一市場
95 WTO発足
97 アジア通貨・経済危機
99 ユーゴ空爆／99 ユーロ誕生
00 仏35時間労働制
01 9・11同時テロ／アフガン戦争
01 世界恐慌
03 イラク侵略戦争
07 中南米革命の高揚
08 米国発の金融危機
09 オバマ大統領／プラハ演説
09 世界恐慌
11 中東の政治変革
13 オバマ再選
15 米・キューバ国交回復／欧州の経済危機
17 トランプ米大統領就任／難民問題

地球環境危機

の崩壊　　経済統合の展開　　EU／ユーロ誕生　　（新自由主義）

→ 国際独占体【多国籍企業・銀行】　新たな（生産と労働の社会化）

半導体・コンピュータ　　ICT革命・ナノ技術・バイオ技術　　IoT AI

年： 75　80　85　1989平成元　90　95　00　01　05　10

47 48 49 50 51 52 53 54 55 56 57 58 59 60 61 62 63 2 3 4 5 6 7 8 9 10 11 12 13 14 15 16 17 18 19 20 21 22 23 24 25 26

首相： 三木　福田　大平　鈴木　中曽根　竹下　宇野　海部　宮沢　細川　羽田　村山　橋本　小渕　森　小泉　安倍　福田　麻生　鳩山　菅　野田　安倍

文化・社会

72 有吉佐和子「恍惚の人」
73 小松左京「日本沈没」／73 かぐや姫「神田川」
74 長嶋選手引退
76 ピンクレディ
79「機動戦士ガンダム」
81 黒柳徹子「窓際のトットちゃん」
83 NHK「おしん」
85 阪神タイガース優勝
87 俵万智「サラダ記念日」
（88 東京ドーム）
89 美空ひばり没
92 宮崎義一「複合不況」
93 サッカーJリーグ発足
94 大江健三郎ノーベル賞
94 イチロー登場
（95「デジカメ」）
95 NHK「大地の子」
98「タイタニック」
02 Wカップ日韓大会
03〜04「冬のソナタ」
04 イチロー安打新記録262
04 プロ野球ストライキ
05 阪神タイガース優勝
06 トリノ五輪荒川静香金メダル
08 北京五輪
08 四川大地震
11 女子サッカーWC優勝
12 スカイツリー開業
13 NHK「あまちゃん」
17 稀勢の里優勝・横綱に

労働・社会運動

72 海員組合92日スト
73 民主連合政府綱領提案
73 老人医療費無料化
74 交通ゼネスト
75 スト権スト
76 自由と民主主義の宣言
77「日本経済への提言」
81 全国革新懇発足
85 広島・長崎アピール
消費税反対闘争
89 全労連結成／連合発足
90 消費税をなくす会
94「新日本経済への提言」
94 沖縄県民のたたかい
95 ソ連社会論・日本共産党第20回大会
97 全労連・10万人オルグ運動
02 リストラ反対闘争
03 有事立法反対闘争
04 九条の会
04 イラク戦争反対闘争
04 全労連・非正規雇用センター
09 反対闘争・憲法改悪
10 普天間10万人集会
貧困と格差・労働者の闘い
沖縄・辺野古・高江のたたかいの闘い
秘密保護法反対闘争
安保法制反対の国民的大闘争

や軍事を米国に支配された事実上の「対米従属状態」が続く
（沖縄返還後も、米軍基地の74%が集中する状態が続く）

政治

72 沖縄返還協定
72 日中共同声明
72 浅間山荘事件
74 田中金脈暴露
74 田中角栄逮捕
76 ロッキード事件
78 日米ガイドライン
79 日米ガイドライン
80 社・公合意
81 臨調行革開始
83「不沈空母」発言
85 プラザ合意で円高急伸
88 リクルート事件
89 昭和天皇死去
90 日米構造協議
92 PKO協力法
92 佐川急便事件（大店法見直し）
94 小選挙区制法
96 日米安保共同宣言
97 日米新ガイドライン
99 国旗・国歌法
99 自公連立政権の開始
02 日朝国交回復会議
03 有事立法・イラク派兵
04 自衛隊のイラク派兵
05 9・11総選挙
07 有事立法・イラク派兵
06 教育基本法改悪
07 国会で格差・貧困論争
09 総選挙／民主党政権
10 参院選／民主惨敗
12 13 14 総選挙・参院選
共産躍進・民主惨敗
自・公大敗
14 沖縄知事選で翁長圧勝

2011 3・11 東日本大震災・福島原発大事故（2015）
15 安倍内閣・違憲の安保法制・軍拡暴走路線
16 熊本地震

経済

74 狂乱物価
74 恐慌
79 ウサギ小屋
79 構造不況
85 円高不況
85 バブル景気
90 バブル崩壊
〈90年代長期不況〉
90 不良債権
95 阪神淡路大震災
97 金融危機
02「デフレ」論
06 格差景気
08〜09 金融危機

	資本	農漁	都市	労働
	2633（5.0%）	9570（18.1）	8815（16.7）	31158（59.0）
1980	2701（4.7%）	5592（9.8）	9984（17.5）	38008（66.6）
1990	2725（4.3%）	3955（6.2）	8684（13.6）	47430（74.5）
2000	1916（2.9%）	2886（4.4）	7660（11.6）	52613（79.6）
	1545（2.5）	1814（3.0）	5568（9.2）	50733（83.5）

労働法制

72 労働安全衛生法
74 雇用保険法
77 減量経営
83 老人保健法
85 男女雇用均等法
85 労働者派遣法
87 週40時間法
91 育児休業法
93 パート法
93 時短法
97 女子保護撤廃・労基法改悪
00 介護保険制度
08 派遣切り
08 蟹工船ブーム
ワーキングプア
13 アベノミクス
14 武器輸出禁止3原則撤廃
16 電通の過労自殺
16 安倍「働き方改革」
16 日銀マイナス金利

ME化の進行　　出生率急減

経済政策

72「日本列島改造論」
72 札幌五輪
73 円・変動相場制へ
74 大店法
78 成田空港開港
79 大店法改正
集中豪雨型輸出
85 NTT発足
86 前川リポート
86 つくば万博
87 JR発足
89 消費税導入
規制緩和
93 新しい食糧・農業・農村政策
95 異常円高79円75銭
95 日経連「日本的経営」
96 橋本六大改革
97 消費税増税
99 金融再生法・財政構造改革法
99 東海村事故
98 長野五輪
00 IT基本法
01 小泉「構造改革」
02 日本経団連の発足
05 郵政民営化法
デフレ論議
11 貿易赤字
13 アベノミクス
TPP大筋合意・TPPの離脱で破綻
14 消費税増税・内需低迷
16 アベノミクスの破綻

74 国土利用計画法
78 農産物輸入拡大
地価高騰開始
84 牛肉・オレンジ自由化
87 リゾート法
88 日米原子力協定
土地バブル
93 米自由化受け入れ
94 新食糧法
「少子化」深刻化
石油・穀物高
人口減少時代へ

対米従属下で独占資本の対外膨張　　対米従属下で本格的な多国籍企業化の展開

「なし崩し的再編」　（「新自由主義」路線の推進）

第2章 日本資本主義発達史の165年を年表でみる

《日本資本主義発達史の年表をつくる》

【年表Ⅱ】は、明治維新以来、ほぼ165年間にわたる日本資本主義の発達史を唯物史観の視点から年表に収めて、時代の流れを一覧できるようにしたものです。日本の資本主義の生成・発展の歴史を、部分、部分でとらえるのではなく、できるだけ全体的に眺めることができるようにするのが目的です。『資本論』の学習会や経済情勢の講演会などの後でも、「日本の資本主義発達史を勉強したい」という声を聞くことが多いので、それに応えるための年表です。

【年表Ⅱ】は、165年の歴史を4ページに収めてあるために、かなり大きな年表になっています。しかし、この年表は、日本の近・現代史を学ぶときに、時代の流れや背景をつかむうえで役に立つと思います。

ただし、お断りしておきたいのは、「はじめに」でも述べたように、この年表の全体の構成や書き込まれた項目の選定などは、まだいろいろと改善の余地があるだろうということです。読者のみなさんが、新たに項目を追加したり、項目を修正したりして、よりいっそう充実した「自分自身の手作りの歴史年表」として、大いに役立てていただければと思っています。

次に、【年表Ⅱ】の全体的な構成と特徴を説明しておきましょう。

⑴　日本資本主義の発達史を、戦前、戦後でバラバラにとらえない

【年表Ⅱ】の最大の特徴は、戦前と戦後の資本主義を分断してバラバラにとらえるのではなく、165年の歴史としてとらえていることです。

2015年は、1945年の敗戦による日本帝国主義の崩壊から70年目の区切りにあたったために、「戦後日本資本主義の70年」が大きな話題になりました。安倍首相は8月14日に「首相談話」まで発表しました。その内容は、日本の過去の侵略戦争にたいする反省を自分の言葉で語らないうえ、憲法違反の安保法制（戦争法案）を強行する姿勢を強調するものでした。

戦前・戦後の日本資本主義の全歴史を直視せずに、戦後の70年だけをとらえるならば、現在の日本の政治・経済・文化の到達点を正確につかむことができません。現在の日本の情勢の特徴を深くつかむためには、当面の政局の動きや

景気の動向を調べることはもちろん大事ですが、それとともに、日本資本主義の現在の発達段階を長期的な歴史的視野に立って深くつかむことが必要です。

【年表Ⅱ】は、江戸時代末期、明治維新以来今日まで、ほぼ165年にわたる日本資本主義発展史を概観することができるような年表です。

なお、165年のうち、最後の25年〜30年については、【年表Ⅲ】で「同時代史」としてとりあげていますから、それも参照してください。

(2) 唯物史観の立場から日本資本主義の歴史を考える

右の図で示したように、【年表Ⅱ】の一番上の欄は「世界」です。この年表は、日本が中心ですから、「世界」の欄も日本にかかわりが深い事項に絞ってあります。また科学的社会主義の歴史にかかわりのある項目は、できるだけ書き込んであります。

その下の日本の欄は、一番下に「経済」があり、その上に、「政治、外交・戦争（植民地支配）」、「階級闘争」、「思想・文化（世相）」というように、全体を構成してあります。これは、序章の(1)「唯物史観の立場から、歴史の流れをとらえる」で述べたように、日本における資本主義の発達史を構造的にとらえるためです。

年表Ⅱ　日本資本主義発展史の160年

		1850	1860	・・・・・・	2010
世界					
画期					
上部構造	思想・文化				
	階級闘争				
	政治・戦争				
経済的土台	（貨幣制度）				
	（階級構成）				
	資本				
	労働者				
	土地所有				
画期	蓄積・再生産構造				

日本の欄の一番上は「年代」の欄ですが、ペリーが浦賀に来航して江戸幕府に開国を要求したのが1853年（嘉永6年）ですから、この頃を起点として現在までの165年間について、西暦と日本の元号の両方をかかげてあります。われわれは、天皇の元号を使う必要はないのですが、一般には「嘉永○年」とか「明治○年」とか、よく使いますので、西暦と元号の対応関係がわかるようにしてあります。元号の上の00とか、05というのは、西暦のことで、たとえば、明治33年は1900年、明治38年は1905年にあたるというように読みます。

「年代」の欄のすぐ下には、明治元年までは、徳川将軍の名前、明治以後は、内閣総理大臣の名前をあげてあります。たとえば1960年代以降を見ると、1960年に岸内閣から池田内閣にかわり、それから佐藤内閣まで、長期政権が続いています。ところが、1990年代以降になると、海部、宮沢、細川、羽田、村山、橋本、小渕、森、小泉、安倍、福田、麻生、鳩山、菅、野田、安倍……と、16代も総理大臣が代わっています。

なお、1945年には、年初は前年の1944年7月に成立した小磯内閣が続いていて、4月に鈴木貫太郎、8月に東久邇稔彦、10月に幣原喜重郎、と年に3人も首相が代わりました。小さな欄内にはとても書ききれないために、この年だけは、すぐ下の欄に注記してあります。

第2章　日本資本主義発達史の165年を年表でみる　57

(3) 「経済」の欄は、三大範疇（土地所有・資本・賃労働）を軸に構成する

　【年表Ⅱ】の下段の「経済」の欄では、序章で述べたように、資本主義経済の基本的な三大範疇（土地所有・資本・賃労働）を軸にして構成してあります。ここでぜひ注目していただきたいのは、三大階級の総括として、各時代ごとの簡略な「階級構成表」を書き入れてあることです。階級構成の変動のなかにも、資本主義の急速な発達の様子がうかがわれます。

　「経済」の欄の最上段には《矛盾》という欄をおいてあります。これは、経済的な矛盾の発現の仕方が、それぞれの時代の階級闘争や政治の変動に深く影響を与えているからです。

　「経済」の欄の一番下に、「画期」とありますが、これは、資本主義の経済的な発展段階を中心にみたときの時代の大きな区切りを示しています。たとえば、「マニュファクチュア（工場制手工業）の発展」「本源的蓄積の時代」「産業革命の時代」「産業資本主義の時代」「独占資本主義の時代」などなど、資本主義の発展を画する時期が、日本ではいつごろにあたるかを示しています。日本の場合、きわめて短期間に、資本主義の生成・発展を強行したために、さまざまな時代の転換が重なり合い、同時的にすすんだのが特徴です。こうした時代の画期の区切り方は、それ自体が日本資本主義の歴史研究の重要な論争的なテーマでもありますから、【年表Ⅱ】の画期の欄は、あくまでも『資本論』を読むための一つの参考として見ておいてください。

　次に、日本資本主義発達史165年の流れにそって、その特徴をたどってみましょう。

1　「戦前の日本資本主義」の特徴

　第二次大戦の前の、いわゆる「戦前の日本資本主義」は、イギリスなど西ヨーロッパ諸国が16世紀から資本主義の生成史が始まったことと比べると、それよりも300年以上も遅れて、ようやく19世紀の後半から本格的に資本主義への移行が始まりました。

　イギリスや西ヨーロッパ、アメリカの先進的な資本主義の経験、生産技術、経済制度、国家・法制度、教育制度、思想、文化に至るまで、官民一体となり総力をあげて導入し、必死に追いつこうとしてきました。その結果として、日本はアジアで最初に資本主義への道を急速にすすむ唯一の国になることができたのでした。

　しかし、「戦前の日本資本主義」は、いわば無理に無理を重ねて、欧米の先進諸国に追いつこうとしたために、ひじょうに特殊な性格をもった資本主義、絶対主義的天皇制の支配する異常な特徴をもった資本主義になっていきました。

《明治維新と日本資本主義の生成》

　日本における封建社会から資本主義社会への移行の画期をなした変革は、いうまでもなく明治維新でした。ここでいう「明治維新」とは、1867年から69年にかけての３年間におこなわれた政変（旧幕府から明治政府への政権交代をもたらした事件——1867年10月の「大政奉還」、同年12月の「王政復古の大号令」、翌68年３月の「五箇条の誓文」、翌69年１月の「版籍奉還」、同年５月の「戊辰戦争の終結」などなど）のことを意味しているだけではありません。日本の政治・経済・社会の構造全体が変革された歴史的な一時代のことをさしています。

　先に序章でも紹介した野呂栄太郎『日本資本主義発達史』では、明治維新の意義について、次のように述べています。

　　　「明治維新は、明らかに政治革命であるとともに、また広汎にして徹底せる社会革命であった。それは、決して一般に理解せられるが如く、単なる王政復古ではなくして、資本家と資本家的地主とを支配者たる地位に即かしむるための強力的社会変革であった」（『初版　日本資本主義発達史』、岩波文庫、上巻、74ページ）。

　このように明治維新とは、江戸時代の幕藩体制が解体されて、近代の天皇制国家が成立し、そのもとで資本主義を上から導入・育成するためのさまざまな政治改革、社会改革が行われた、かなり長期にわたる一時代のことです。

　明治維新の時代区分——いつごろから始まり、いつごろまでに終わったか——については、歴史研究者のあいだでも、いくつかの考え方があります。

　明治維新の開始期については、①天保期（1830-44）の大塩平八郎の乱（1837年・天保８）や幕府の天保改革（1843年・天保14）のころとみる説、②幕末の開国期（1853-58）のペリー来航（1853年・嘉永６）や日米修好通商条約の締結（1858年・安政５）のころとみる説、の大きく二つの学説に分けられます。

　明治維新の終結期については、①1871年（明治４）の廃藩置県、②1873年（明治６）の学制、徴兵令、地租改正、大久保利通政権の成立、③1877年（明治10）の西南戦争の鎮圧、④1879年（明治12）の「琉球処分」による近代国家日本の領域確定、⑤1881年（明治14）の政変、⑥1884年（明治17）の秩父事件、⑦1889年（明治22）の大日本帝国憲法の発布、などなど、維新改革の画期をもたらしたさまざまな事件をもとに、いろいろな学説があります。

　いずれの説をとるにせよ、明治維新の変革は、30年〜40年の期間になりますが、それは、【年表Ⅰ】でみたイギリス資本主義の生成史が数百年の長い年月であったことと比べるなら、きわめて短い期間です。【年表Ⅱ】では、年表そのものの左端である1850年代から、1877年の西南戦争、70年代後半の「自由民権運動」が始まるころまでを矢印で示して、明治維新の時代としてあります。

　明治維新と日本資本主義の形成をめぐっては、他のアジア諸国が欧米列強の植民地・半植民地にされていくなかで、なぜ日本だけが国家的な独立を保ち、急速な資本主義化に成功したのか、という問題もあります。この論点について

ペリー（1794〜1858）
　米国海軍の東インド司令官。1853年に浦賀に黒船４隻で来航し、翌54年に江戸湾に再来して日米和親条約を締結した。

第２章　日本資本主義発達史の165年を年表でみる　59

も、歴史研究者の間では、さまざまな論争が行われてきました。

　「明治維新が可能だった理由は、①列強の勢力が均衡していたからだという説、②列強は産業資本主義の特殊な段階にあり、植民地獲得に熱心でなかったからだという説、③列強は中国市場を重視しており、日本市場は軽視されていただという説、④半植民地化の危機があったにもかかわらず、国際的・国内的な反侵略闘争がそれをはねのけたからだという説などから説明されています。このうち、とくに②③の立場と④の立場との間で論争が展開されました。②③が独立の危機はなかったとするか、弱かったとするのにたいして、④は独立の危機を強調するからです」（宮地正人監修『日本近現代史を読む』、19ページ、新日本出版社、2010年）

明治維新と日本資本主義の形成史については、実証的な歴史学の研究課題であり、さまざまな文献があります。例えば、いま引用した『日本近現代史を読む』などを手掛かりにして、さらに深めていただきたいと思います。

《明治維新と日本における「本源的蓄積」の時代》

日本資本主義の「本源的蓄積」について、初めて『資本論』の立場から科学的に分析したのは、やはり野呂栄太郎『日本資本主義発達史』でした。このなかで、野呂さんは、明治維新による社会改革こそが日本における「本源的蓄積」を強行するてこになったことを詳しく分析しています。

　「明治維新とともに、地主および資本家が新たなる支配者として登場し得んがための全転化の契機となったものは、封建的身分の制度の廃止と私有権の完全なる立法的確認とであった。もちろん、この両者は不可分的に結合されており、そしてその目的とする所は、いずれも、資本主義的搾取の基礎たる、独立の生産者から生産手段および生活資料を引き離す過程をば——従来既に徐々と行われつつあった所を——革命的に、強制的に遂行するにあった」（同、75ページ）。

明治維新に始まる「本源的蓄積」は、いつごろまで続いたのか。この点については、野呂さんは、次のように述べています。

　「地租改正（生産物地代の貨幣地代への転化）を、従ってその本質的要素としての土地処分の自由を直接の契機として、租税制度と商業資本と高利貸資本との重圧の下に、広汎にして深刻なる国民的規模において展開せられた資本の原始的蓄積の過程——なかんずく、農民からの土地収奪の過程は、しかしながら、だいたい、明治18、9年前後より日清戦役前後に至る我が国における第1次の——軽工業中心の——産業革命の波濤の襲来とともに、一応峠を過ぎた」（同、下巻、25ページ）。

野呂さんとともに戦前の「日本資本主義発達史講座」の代表的理論家であった山田盛太郎さんの『日本資本主義分析』の付録「年表」では、「原始的蓄積典型期」として「明治元年ないし同23年」（1868〜1890）としています。

「日本資本主義発達史講座」
1932〜33年にかけて刊行された日本で最初のマルクス経済学の講座。半封建的な日本資本主義の特質を深く分析し、日本社会に大きな影響を与えた。

本書の【年表Ⅱ】でも、こうした戦前以来の研究をふまえて、明治維新の頃から明治中盤の「大日本帝国憲法発布」（1989年＝明治22年）頃までを日本の「本源的蓄積」の時代としてあります。

《日本におけるマニュファクチュアの発展》

　日本においても、江戸時代の後半、幕末期には、マニュファクチュアと言える生産様式がかなりの規模で生成していました。この点については、多くの研究があります。

　　「手工業ははじめ都市が中心でしたが、次第に農村にも広がり、織物業・醸造業・精油業・製紙業や陶磁器・漆器などの特産地が各地にできました。18世紀には問屋制家内工業（問屋が生産者〔農家〕に原料や道具を前貸しし、できあがった製品を引き取る方式で、生産者には加工賃が支払われました）が広がり、19世紀前半には、綿織物業や絹織物業にマニュファクチュア（工場制手工業。…後略）があらわれるようになりました」。「たとえば織物業の場合、19世紀半ばには尾張・和泉・桐生・足利などにマニュファクチュアが広がり、それぞれの織屋は、数人から十数人の労働者を雇って織物を生産していました」（『日本近現代史を読む』、7ページ、新日本出版社、2010年）。

　　「19世紀の中ごろ、和泉の宇多大津村には18戸の木綿織屋があり、平均1戸当り雇用労働は5人、最大のものは家族労働6人、賃織・日雇15人、計21人の経営で、マニュファクチュアとみてよかろう。尾張西部地方は縞木綿の生産地であったが、19世紀初頭に高機による結城縞の生産が始まり、19世紀半ばになると、その中からマニュファクチュアが広範に出現した。1844年、鵜多須代官所管内42ヵ村の織屋総数は322戸、織機1435台であり、うち3分の2以上が自家工場の内機であり、出機（貸機）は3分の1以下であった。西大海道村の喜兵衛は当時12石余りのなか農上層であったが、1824年、内機8、出機2台を所有し、十数人の労働者を使っていた。工場内では糊入、糸繰、綜方、巻方、堅結び、織布などの工程に分かれ、分業に基づく協業が行われていた。また、下祖父江村では、紋蔵が内機18、出機1、重左衛門が内機13、出機12を所有し、30人くらいの労働者によるマニュファクチュアであったと思われる」（平凡社『百科事典』塩沢君夫執筆「マニュファクチュア」）。

　こうした幕末期の日本のマニュファクチュアなどの経済的発展が明治維新をもたらした背景、歴史的な条件の一つであったことは間違いないでしょう。しかし、幕末期の日本のマニュファクチュアが、『資本論』で規定しているような規模の《本来的マニュファクチュア時代》（本書の26ページ）にあたるかどうか──その評価をめぐっては、研究者の間でもいろいろな意見があり、〈マニュファクチュア論争〉として知られています。

《日本における産業革命》

　日本の産業革命は1880年代の後半に始まり、日清戦争（1894/95）から日露戦争（1904/05）の間に急速に発展して1910年（明治43年）ごろまでに終了し、手工業から機械制大工業への転換がすすみました。

　日本の産業革命でまず最初に飛躍的に成長した産業は、紡績業と製糸業でした。表は、産業革命の間に、日本の工業がいかに急速に拡大したか、それが工場数と労働者数の急増に表れています。繊維工業では、1886年から1909年までの23年間に工場数では498から8,301へ実に16.7倍に増えています。労働者数では、約3万5千人から44万2千人へと12.6倍に増えています。とくに織物工業では工場数が65から4,245へ実に約65倍へ、労働者数では5千400人から12万7千人へと24倍へ急増しています。繊維工業だけでなく、機械工業でも20倍前後に飛躍的に増大しています。

　繊維工業を中心とする軽工業での機械化に続いて、重化学工業でも産業革命が起こります。日本の場合は、絶対主義的天皇制国家による「富国強兵」政策のもとで、近隣諸国への帝国主義的侵略戦争のために、上から軍事産業を急いで創出する必要がありました。そのために明治維新以後、陸軍と海軍に直属した官営の工廠（軍需工場）が次つぎとつくられました。軍需品の自給をめざして創設された八幡製鉄所（1900年開業）は、製鉄技術と機械設備を欧米先進国に依存し、また原料の鉄鉱石・コークス炭は中国・朝鮮に求めて、日露戦争後には一応銑鋼一貫体制を成立させました。軍艦建造のために、巨額な国家資金を投じて、財閥傘下の民間造船所が育成されました。

　しかし、軍需品の国産化をめざして重化学工業を育成したにもかかわらず、第一次大戦前には、いまだ鋼材の自給率は3割台にとどまり、また工作機械などの技術水準も欧米に比べると大幅に立ち遅れていました。

日本の産業革命（工場数と労働者数の増大）－1886年～1909年

	1886		1909		1886～1909の倍数	
	工場数	労働者数	工場数	労働者数	工場数	労働者数
民営工場計	863	63,198	15,426	692,221	17.9	11.0
繊維工業計	498	35,144	8,301	442,169	16.7	12.6
製糸	411	26,763	2,945	184,397	7.2	6.9
紡績	22	2,977	124	102,986	5.6	34.6
織物	65	5,404	4,245	127,441	65.3	23.6
機械工業	42	2,896	1,092	54,810	26.0	18.9
化学工業	143	13,245	1,579	65,966	11.0	5.0
食品工業	36	748	2,396	65,303	66.6	87.3
雑工業	114	9,633	1,945	60,283	17.1	6.3
特別工業	30	1,532	113	3,690	3.8	2.4
官営工業	11	11,758	67	117,259	6.1	10.0
（参考）運輸通信		22,967		366,420		16.0
鉱山		40,870		235,809		5.8

（注）機械工業は造船・機械・器具、化学工業は陶磁器・煉瓦・瓦・マッチ・製紙など、食品工業は醸造・タバコ・製茶など、雑工業は印刷・製本・イグサ・麦稈など、特別工業は電気・ガス・金属精錬など。民営工場は10人以上、官営工場は5人以上。

（出所）大石嘉一郎編『日本産業革命の研究』（上）（東京大学出版会、1975）　第1章「産業・貿易構造」の表をもとに作成

《産業資本主義の確立と独占資本主義への転化》

　日本資本主義は、産業革命の終了とほとんど同時に、1890年代後半（明治30年代以降）には産業資本主義の確立期に入ります。

　しかし、その頃には、【年表Ⅱ】の上方の世界史の「画期」の欄を見るとわかるように、世界の資本主義は、すでに産業資本主義の時代から重化学工業の発

展を基礎に独占資本主義・帝国主義の時代への移行がすすみ、まさに帝国主義的世界戦争（第一次世界大戦）の前夜という深刻な矛盾と危機のまっただなかにありました。こうした国際的な条件のもとで、日本資本主義は、産業資本主義としての安定した発展をする時間的余裕も国際環境もないまま、軍事的・帝国主義的な「富国強兵」をめざして、独占資本主義への早熟的な転化をせまられたのでした。

　こうして、戦前の日本資本主義は、経済的な基盤では半封建的な寄生地主制という遅れた頸木（くびき）を引きずったまま、急激な本源的蓄積、産業資本の確立、独占資本への転化を、きわめて短期的に、ほとんど同時的・継起的に、野蛮な暴力的やり方で強行するという歴史的経過をたどったのでした。

　日本資本主義の歴史を『資本論』の視点でとらえようとするときには、【年表Ⅰ】で明らかにしたようなイギリス資本主義に典型的な一般的、法則的な歴史発展とともに、【年表Ⅱ】で示されるような後進的な資本主義の特殊な条件のもとでの歴史発展の特質をしっかりつかむことが大事です。

《絶対主義的天皇制と半封建的地主制のもとでの勤労者・国民の状態》

　絶対主義的天皇制の暴虐な暗黒政治のもとで、国民の民主的権利と侵略戦争反対の旗をかかげて命がけで闘った日本共産党の綱領では、同党が創立された1922年（大正11）当時の日本資本主義の特徴を、次のように描いています。

　　「当時の日本は、世界の主要な独占資本主義国の一つになってはいたが、国を統治する全権限を天皇が握る専制政治（絶対主義的天皇制）がしかれ、国民から権利と自由を奪うとともに、農村では重い小作料で耕作農民をしめつける半封建的な地主制度が支配し、独占資本主義も労働者の無権利と過酷な搾取を特徴としていた。この体制のもと、日本は、アジアで唯一の帝国主義国として、アジア諸国にたいする侵略と戦争の道を進んでいた」（同綱領、第1章）。

　ここで述べられている「半封建的な地主制度」が日本で形成されたのは、ちょうど日本の産業革命を経て産業資本主義が確立した1880年代から20世紀の初頭にかけての時期でした。農村では地主が土地を集中して、多くの農民は小作農化し、収穫した米の半分以上を小作料として地主にとりあげられていました。【年表Ⅱ】には、小作地率（農地総面積に占める小作地の割合）が、1884年の35.2％から、1908年には45.5％に達していたことを書き込んであります。

　同じ頃、資本による「労働者の無権利と過酷な搾取」も目に余るものがありました。マルクスは『資本論』のなかで、イギリスにおける工場法の歴史について、詳しく述べていますが、それは、工場法が労働時間の制限、女子・児童の深夜労働の規制、安全や衛生などの規制など、最低限の労働者の権利・保護を定めたものだったからです。

　ところが、日本では、工場法が公布されたのが1911年、実施はさらに遅れて

地主制の形成
── 1908年の農民の構成
（明治41年）

	1,000戸	％
自作農	1,806	32.9
自小作農	2,190	39.9
小作農	1,493	27.2
合計	5,489	100.0

小作地率	45.5％

（資料）大石嘉一郎編『日本産業革命の研究』（下）第7章「地主制」の表をもとに作成

1916年でした。しかも、当時の日本の工場法は、国際的水準からみるとまった
く劣悪な水準のものでした。労働者の団結権を保障する労働組合法にいたって
は、やっと1931年に法案が上程されましたが、審議未了で廃案となり、結局、
戦前は日の目を見ることはありませんでした。

　社会保障制度についても、日米戦争に突入した1941年に労働者年金保険法が
制定されましたが、これは労働者の年金を保障するという看板をかかげておい
て、実は労働者から強制的に取り立てる保険料を膨れ上がる戦費にあてるのが
目的でした。

《世界史的な科学的社会主義の創成期と戦前日本の階級闘争》

　【年表Ⅱ】で注目していただきたいことの一つは、上段の世界史年表のなか
で描かれている科学的社会主義の理論的な創成・普及の時期と日本資本主義の
生成・発展の時期との関係です。

　マルクスとエンゲルスが『共産党宣言』を発表したのは1848年ですから、ちょ
うど日本では幕末の動乱期の始まる頃でした。マルクスが『資本論』初版を発
刊した1867年は、明治維新の大政奉還の年にあたります。

　世界史的には、19世紀の最後の４分の１世紀は、科学的社会主義の理論と運
動が生成・発展する時代でした。この時代に日本では、ようやく産業革命を経
て産業資本主義が確立していきますが、20世紀の初めには、早くも科学的社会
主義の思想・理論が日本の社会運動に大きな影響を与え始めていました。そし
て、【年表Ⅱ】の階級闘争の欄を見ると、1922年には日本共産党が創立されて
います。「思想・文化」の欄を見ると、1925年に細井和喜蔵『女工哀史』、29年
に小林多喜二『蟹工船』、30年には野呂栄太郎『日本資本主義発達史』が発表
されていることがわかります。

　科学的社会主義にもとづく社会変革の運動の発展をおそれた天皇制国家の支
配階級は、「1928・3・15」から「1929・4・16」へと、暴虐非道の弾圧をお
こないました。こうした絶対主義的天皇制の暴虐な暗黒政治にたいして、国民
の民主的権利と侵略戦争反対の旗をかかげて命がけで闘いましたが、1930年代
後半に入ると、組織的な抵抗運動はほとんど破壊されてしまいました。

　　（注）1928年3月15日に、天皇制国家は、日本共産党員とその支持者にたいして、
　　　治安維持法違反の名目で1600名以上を逮捕し、暴虐非道な大弾圧をおこないまし
　　　た。さらに翌年1929年4月16日には、二度目の大弾圧をおこない、1929年をとお
　　　して約5000名を検挙しました。

　しかし、非公然のもとでの日本共産党の不屈の闘いは、心ある国民にとって、
戦前社会においては「北斗七星」のような道しるべとして、また日本民族の道
義的な誇りとして、今日にいたるまで輝き続けています。

細井和喜蔵（1897〜1925）
　小学校中退で紡績工場で
働き、労働運動に参加し、
『女工哀史』を執筆した。

「北斗七星」
久野収、鶴見俊輔『現代日
本の思想』（岩波新書、1956
年）にある言葉。航海のさ
いの指針となる「北斗七星」
にたとえた。

《日本帝国主義の侵略戦争と植民地支配》

【年表Ⅱ】の中段の「政治・外交・戦争」の欄をみると、戦前の日本が経済的には本源的蓄積の時代から産業革命、産業資本主義の確立をはかっていた当初から、近隣アジア諸国への帝国主義的侵略と植民地獲得の戦争を遂行してきたことが示されています。

先に第1章で引用（本書25ページ）したように、マルクスは「本源的蓄積」の時代について、「無慈悲きわまる野蛮さ」、「もっとも恥知らずで汚ならしくて、もっとも狭量で憎むべき欲情の衝動」によって、「資本は、頭から爪先まで、あらゆる毛穴から、血と汚物とをしたたらせながらこの世に生まれてくる」と形容していました。戦前の日本資本主義の場合は、単に「本源的蓄積」の時代だけでなく、産業革命から、産業資本の資本蓄積、独占資本への転化、帝国主義への発展の全期間にわたって、国内の勤労者・国民だけでなく、近隣諸国民への「恥知らずな侵略と抑圧、搾取と収奪」の限りをつくして急膨張してきたのでした。まさに「あらゆる毛穴から、血と汚物とをしたたらせながら」、アジアで唯一の帝国主義へと成長してきたのです。

「日本帝国主義は、一九三一年、中国の東北部への侵略戦争を、一九三七年には中国への全面侵略戦争を開始して、第二次世界大戦に道を開く最初の侵略国家となった。一九四〇年、ヨーロッパにおけるドイツ、イタリアのファシズム国家と軍事同盟を結成し、一九四一年には、中国侵略の戦争をアジア・太平洋全域に拡大して、第二次世界大戦の推進者となった」（日本共産党綱領、第1章）。

「侵略戦争は、二千万人をこえるアジア諸国民と三百万人をこえる日本国民の生命を奪った。この戦争のなかで、沖縄は地上戦の戦場となり、日本本土も全土にわたる空襲で多くの地方が焦土となった。一九四五年八月には、アメリカ軍によって広島、長崎に世界最初の原爆が投下され、その犠牲者は二十数万人にのぼり（同年末までの人数）、日本国民は、核兵器の惨害をその歴史に刻み込んだ被爆国民となった」（同）。

2　敗戦から「戦後改革」へ

第二次大戦後の日本資本主義は、どのように変化したのでしょうか。

「戦前の日本資本主義」——アジアで唯一の帝国主義国となった日本が「二千万人をこえるアジア諸国民と三百万人をこえる日本国民の生命」を奪った侵略戦争に敗北した後、日本は大きな三つの政治的経済的な変化、革命的な社会変革を経験しました。

第一は、日本が独立国としての地位を失い、アメリカへの事実上の従属国の立場になったことです。【年表Ⅱ】では、戦後史を貫く「対米従属」の特徴を、

第2章　日本資本主義発達史の165年を年表でみる　65

太い破線（点線）を横に引いて示してあります。

　第二は、日本の政治制度における、天皇絶対の専制政治から、主権在民を原則とする民主政治へ大きく転換したことです。戦後の国家体制・社会経済体制の基本を定めた日本国憲法は、1947年に施行されました。

　第三は、戦前、天皇制の専制政治とともに、日本社会の半封建的な性格の根深い根源となっていた半封建的な地主制度が、農地改革によって、基本的に解体されたことです。これは戦後の「三大経済改革」の一つとして、日本独占資本主義に、その発展のより近代的な条件をもたらすことになりました。そして戦後の急成長、とりわけ1950年代半ば以降の世界にも類のない「高度経済成長」を促進する基底的要因の一つとなりました。

　ここでは、第三の変化としてあげた「半封建的な地主制度」の「基本的な解体」をもたらした農地改革について、若干の指標をあげておきましょう。

　戦後の日本資本主義の発展の基礎条件をつくった農地改革では、「自作農創設特別措置法」と「改正農地調整法」によって、不在地主（所有する土地の所在地に住んでいない地主）の全貸付地と在村地主の保有限度（北海道は4ヘクタール、都府県は1ヘクタール）を超える農地を国家が強制買収して、小作農に売り渡し、残存小作地の小作料も現物から金納になりました。

　農地改革によって、全小作地の約80%の194万ヘクタールが解放され、小作地率も、農地改革前の1945年11月の45.9%から、農地改革後の1950年8月には9.9%にまで急減しました。戦前は3割にも満たなかった自作農は、農地改革後は55%に増えました。

　農地改革の結果を維持するために、1952年に、農地等の権利移動や農地転用の制限などを定めた農地法が制定されました（その後、農地法は、1970年の改定で大幅な規制緩和がなされました。さらに、小泉「構造改革」のもとで、2009年に「農地の利用権（賃借権）を原則自由」にする「改正」がなされました）。

　農地改革とともに、戦後の「三大経済改革」として「財閥解体」と「労働改革」がおこなわれました。

　財閥解体は、1945年から1947年にかけて、①持株会社の解体、②財閥家族の企業支配力の排除、③株式所有の分散化、の三つの柱ですすめられました。持株会社83社のうち、三井、三菱、住友、安田の戦前の四大財閥の本社など28社は解散され、そのほかも分割などを強制されました。財閥会社からの子会社・孫会社の分離、財閥所有株式の処分（持株会社整理委員会）、人的支配網の切断などがすすめられました。これと並んで過度経済力集中排除法による巨大企業の分割もおこなわれました。しかし、米軍の占領政策の転換によって財閥解体は途中で打ち切られることになりました。

　労働改革では、1945年12月に労働組合法、46年に労働関係調整法、47年に労働基準法が制定され、社会保障制度の基礎となる生活保護法も46年に制定され

ました。こうした改革によって、戦前のような「労働者の無権利と過酷な搾取」の状態は、一定の改善がすすむようになりました。

3 戦後の日本資本主義の発展の特徴

　1945年から1947年にかけて実行された三つの柱からなる改革（三大経済改革）の後で、日本資本主義は急速な経済成長をとげることになります。

　しかし、戦後の変化の第一にあげられていた「日本が、独立国としての地位を失い、アメリカへの事実上の従属国の立場になったこと」は、戦後70年以上を経た今日でもなお続いています。戦後の日本資本主義は、今日にいたるまで、高度に発達した資本主義国でありながら、国土や軍事などの重要な部分をアメリカに握られた事実上の従属国となっています。

　【年表Ⅱ】を見るとよくわかりますが、20世紀の前半の日本は、絶対主義的天皇制の支配のもとで対外侵略と戦争に明け暮れていた時代でした。ところが、1945年の敗戦を機に一転し、今度は逆に、異民族による全面占領のもとに置かれ、サンフランシスコ講和会議によって、形式的に独立国となってからも、「アメリカへの事実上の従属国」となりました。こうした状態は、これまでの世界の歴史には例のない、きわめて異常なことであり、今日の日本の政治的、経済的、社会的な矛盾の深部の原因の一つになっています。

　財閥解体が不徹底なまま打ち切られて以後、旧財閥系企業による、企業集団（企業グループ）という新しい形態での独占企業の復活が開始されました。戦後の日本独占資本主義は、日米安保条約を軸とする軍事的、政治的、外交的な対米従属のもとで復活し、急速な資本蓄積によって、経済的な発展をとげてきました。

　日本独占資本主義は、1950年代後半から70年代初めにかけて、急速な経済成長をとげて、世界のなかで「経済大国」といわれるようになりました。1952年から72年までの20年間の年平均の実質経済成長率は9.4％で、GNP（国民総生産）の規模は1952年～72年の間に実に6倍にまで拡大しました。その結果、1968年にはGNPで西ドイツを抜き、経済規模の面からみると、アメリカに次いで世界第2位となりました（その後、2010年に中国に追い抜かれて、2016年の現在は世界第3位になっています）。

　【年表Ⅱ】をみると、1955年に日本生産性本部が設立されていますが、これはアメリカが世界的に広めた生産性向上運動を推進するための機関です。労使協調で企業の「合理化」、生産性増大をはかる目的で、徹底した搾取強化をすすめ、急速な経済成長を達成する原動力になりました。労働者の労働条件・生活条件は、経済成長に見合ったほどには改善されずに、超過密・長時間労働のもとで、過労死、労災・職業病が広がり、サービス残業などが常態化してきまし

第2章　日本資本主義発達史の165年を年表でみる　67

た。しかも、通勤地獄でくたくたになって帰ってくると、住宅は「ウサギ小屋」のように貧しく、ローンに悩まされる——これが世界第2位（当時）の「経済大国」の実態でした。

1970年代前半の世界的なドル・ショック、石油危機のもとで、日本の「高度成長」の時代が終わります。その後の日本独占資本主義は、1980年代から90年代へかけてさまざまな困難に遭遇し、とりわけ1980年代後半のバブル景気とその崩壊、90年代以降の深刻な長期不況を経て、少数の大企業は、大きな富をその手に集中して、巨大化と多国籍企業化の道を進むなかで、21世紀の今日を迎えています。この時期については、【年表Ⅲ】と第3章でもとりあげます（95ページ）。

4 戦後史のなかでの沖縄

【年表Ⅱ】では、サンフランシスコ講和会議によって独立してからも、21世紀の今日にいたるまで「アメリカへの事実上の従属国」となっていることを表わすために、点線（------→）を引き網をかけてあります。とくに留意する必要があることは、1952年に「独立」して以後も、1972年の沖縄返還までは、沖縄県だけが切り離されて米軍の全面占領下に置かれていたということです。

この20年間は、ただ時期的に遅れたということだけではありませんでした。沖縄が日本本土から切り離されていた、その20年間に、アメリカは沖縄県に米軍基地を集中し、日本を全土基地化する構造的な仕組みを実態的に作り上げ、日米安保条約によってそれを法制化したのです。

アメリカは当初、サンフランシスコ条約と同日に結ばれた（旧）日米安全保障条約のもとで、日本全土に置いていた米軍基地の拡張、恒久化をめざしました。日米行政協定（1952年）によって日本政府は米軍の要求があれば住民の立ち退きなどをともなう米軍基地の無償提供に応じなければなりませんでした。

こうした米軍基地拡張の動きにたいして、1950年代をとおして、米軍基地にたいする激しい闘いが全国で発展しました。たとえば石川県の内灘砂丘が米軍の砲弾試射場に接収されたことにたいする内灘闘争（1952〜53）、東京都の立川基地の拡張に反対する砂川闘争（1955〜57）、米軍の北富士演習場にたいする北富士闘争（1955〜60）などなど、各地で住民の米軍基地反対の闘いが広がっていきました。こうした日本本土の米軍基地闘争は、一方では米軍基地周辺の拡張予定地における住民の「座り込み」など大衆闘争の形態をとりながら、他方では憲法にもとづく裁判闘争という形態をとっていました。まがりなりにも「独立」したことによって日本国憲法の保障する国民主権、基本的人権の内実を問うという闘いが可能になったからです。それはまた、憲法9条の「戦争放棄」を真に実現するための闘いでもありました。

しかし、沖縄においては、1972年の施政権返還まで米軍占領下で日本国憲法

「ウサギ小屋」
1979年、当時のEC（ヨーロッパ共同体）の報告で日本人の狭い住居を形容した言葉。

ドル・ショック
1971年8月に、米国のニクソン大統領の「金・ドル交換停止」などの新経済政策によって、世界経済が衝撃的影響を受けた。

（A）沖縄県の米軍基地（専用施設）の全国比
2015年3月末現在
（単位1,000m²）

全　国	306,226
沖縄県	226,233
	73.9%

（B）都道府県別の米軍基地（専用施設）
2010年1月1日現在

	1,000m²	（％）
日本全体	310,059	100.0
沖縄県	229,245	73.9
青森県	23,743	7.7
神奈川県	18,183	5.9
東京都	13,211	4.3
山口県	7,891	2.5
長崎県	4,562	1.5
北海道	4,274	1.4
広島県	3,539	1.1
千葉県	2,102	0.7
埼玉県	2,033	0.7
静岡県	1,205	0.4
京都府	35	0.0
福岡県	23	0.0
佐賀県	13	0.0

（資料）A，Bとも防衛省資料から。
　　　　返還された基地があるため、A，Bの数値は少し変動している。

は適用されず、米軍は沖縄戦の頃から沖縄県民を収容所に入れ、米軍基地に必要な土地を問答無用の力づくで強制接収し、基地建設をすすめていきました。

たとえば普天間基地の場合、1945年に建設された当時は2400mの滑走路でしたが、1953年に2700mに拡張されました。収容所に閉じ込められている間に一方的に土地を奪われた住民が、やっとの思いで基地周辺の土地を耕した農地にたいして、米軍はさらに明け渡しを求める布令、布告を出し、それに応じなければ銃剣を突きつけ、ブルドーザーで畑の作物や住居をなぎ倒し、基地を拡張したのです。土地の所有者である農民・住民の抵抗を、まさに「銃剣とブルドーザー」で押しつぶし、無法・非道な暴力によって土地を奪ったのでした。現在でも、普天間基地が占める土地のうち、およそ90%は私有地だといわれます。

こうして1952年から今日までの間に、日本本土の米軍基地は3分の1に縮小されましたが、沖縄県の米軍基地は約2倍に増大しました。その結果、国土面積の1%に満たない沖縄県に約74%の米軍基地が集中することになりました。

1972年の沖縄協定による沖縄県の祖国復帰から45年たった今（2016年）、アメリカと安倍晋三内閣は、普天間基地返還を口実にして、名護市の辺野古崎地区・大浦湾海域に新たな強大な米軍基地建設の策謀を執拗に続けています。

辺野古新基地建設のねらいは、その軍事的な機能からみれば、1800メートルの滑走路を2本もち、垂直離着陸機MV22オスプレイの配備とともに、4万トン級の強襲揚陸艦が接岸できる護岸をつくり、米海兵隊による海外侵略の一大出撃拠点にすることです。辺野古新基地は、米国防総省の文書では「40年の運用年数と200年の耐久年数」と明記されており、米軍が沖縄基地を抜本的に強化・永久化するねらいで建設しようとするものです。

辺野古新基地の建設とともに、米海兵隊北部訓練場（東村、国頭村）の部分返還を口実に東村高江でオスプレイの新たな着陸帯の建設、伊江島でF35戦闘機着陸帯の建設などを強行してきました。オスプレイの離着陸には、沖縄本島の全域に広がる米軍ヘリ着陸帯（89カ所）の大半（69カ所）を使うとともに、横田基地（東京都）、厚木基地（神奈川県）、キャンプ富士（静岡県）、岩国基地（山口県）などにも飛来し、配備・訓練が計画されています。

辺野古新基地建設やオスプレイの全国的配備・訓練は、日米軍事同盟を今後長期に続け、日本の対米従属をいっそうがんじがらめにすることになります。

普天間基地
　沖縄県宜野湾市の住宅密集地に2,700mの滑走路を持つ在日米軍の「世界一危険な飛行場」。1996年の沖縄に関する特別行動委員会（SACO）の最終報告で米国政府は返還を確約したが、いまだに実現していない。無条件即時返還こそ急務である。

5 戦後日本資本主義の「景気循環」の特徴

【年表Ⅱ】の最下段の「画期」の欄は、資本主義の政治経済の全体的な特徴による時期区分をしてあります。単に経済の動きだけでなく、国家的な体制を含めて、日本資本主義の社会経済構成体の発展過程の時期区分といえるでしょう。

しかし、政府の「経済白書」や中学、高校の社会科の教科書などでは、戦後

日本の経済史的な変動だけを目安にした時期区分をすることが多いといえます。たとえば、20年にわたる「高度経済成長」の時期とか、1990年代初めにバブル景気が崩壊してから後の「失われた20年」の時期とか、こうした時期区分が新聞・テレビなどのジャーナリズムでは、よく使われています。

このような一般の時期区分の基準になっているのは、政府の内閣府経済社会総合研究所が決めている景気基準日付です。同研究所では、景気動向指数研究会を定期的に開いて、生産指数（鉱工業）や新規求人数などの30種の景気動向指数を検討して、景気の「山」や「谷」の日付を確定しています。その政府公認の景気基準日付によると、戦後日本経済では、第二次大戦の改革期が一段落した1951年頃から景気循環が始まり、最近までの約65年間に15回の「景気循環」があったとされています。この政府の決める「景気循環」は景気の「谷」⇒「山」⇒「谷」（つまり景気の最悪期から好況期を経て、次の最悪期が始まるまで）を１循環として数えています。別図は、政府の「景気循環」の日付を示したものです。15回の景気循環を平均すると、１循環の期間は約44か月（＝３年８か月）ときわめて短期間になっています。

こうした「景気循環」のとらえ方は、戦後日本の経済過程の現象的な特徴だけをとらえたものなので、資本主義の根本的な矛盾によって起こる、マルクス経済学の恐慌論の考え方とは異なります。しかし、政府の決める「景気循環」の日付は、政府が金融政策や財政政策を決定する判断基準になっており、また民間企業にとっても、生産や投資を拡大するかどうか、在庫を増やすかどうか、などの経営戦略の目安にもなっています。その意味では無視することはできません。

ちなみに、1950年代後半から70年代当初にかけての「高経済成長」の時代には、第３循環（1954年11月～58年６月）から第７循環（1971年12月～75年３月）にかけて、景気上昇期を４回も含んでいます。20年近くの間、平均10％近い経済成長を続けながら、景気変動は続いていたというわけです。

これまで15回の景気循環のうち、景気上昇の期間がもっとも長期に続いたのは、2002年１月から2008年２月までの第14循環の77か月（６年５か月）、ちょう

戦後日本資本主義の「景気循環」と経済史

（循環名）	第１循環 (2)	(3) (4) (5) (6)	(7) (8) (9) (10) (11)	(12) (13) (14)	第15循環 ?	（全循環 平均44ヶ月）
景気の山	1951.6 54.1	57.6 61.12 64.1 70.7	73.11 77.1 80.2 85.6	91.2 97.5 2000.11 08.2	2012.3	（拡張局面 平均36ヶ月）
景気循環		神武景気 岩戸景気 いざなぎ景気	バブル景気	景気の二極化《貧困と格差》	? 第16循環	
景気の谷	1951.10 54.1	58.6 62.1 65.1 71.12	75.3 77.10 83.2 86.11	93.1 99.1 02.1 09.3	2012.11	（後退局面 平均16ヶ月）
時代の特徴	敗戦・戦後改革期	「高度経済成長」期	「高度成長」破綻・低成長期	長期不況・停滞期（「失われた20年」）	世界的な金融・経済危機／東日本大震災・原発大事故	
（期間）	約10年	約20年	約15年	約20年	?	
時期	1945～50年代前半	1950年代後半～70年代初め	1970年代央～80年代末	1990年代～2000年代末	2010年代～?	

（注）景気循環の日付（山と谷）は、内閣府経済社会総合研究所による。景気循環日付では、「谷」⇒「山」⇒「谷」までが１循環と数えられている。第１循環は、前半の「谷」がない不規則な循環。第15循環は、2012年11月の「谷」で終結したが、現在進行中の第16循環は、まだ「山」の判定がなされていない。

ど小泉純一郎内閣（2001年4月～06年9月）、安倍晋三（第1次）内閣（2006年9月～07年9月）、福田康夫内閣（2007年9月～08年8月）と三代の内閣にわたる時期でした。一方では、1990年代初めのバブル景気の崩壊以後、「失われた20年」のデフレ不況が続いていたといいながら、他方では、政府の決める景気循環のうえでは、戦後最長の「好景気」の時代だったというわけです。しかし、この戦後最長の景気上昇は、けっして労働者・国民にとっての雇用や暮らしの向上とは結びつきませんでした。この時期の「好況」は円安による輸出の拡大と、低賃金・無権利の非正規雇用の増大による家計消費の低迷が特徴でした。

　最近のことでいえば、安倍（第2次）内閣が発足した2012年12月の1か月前の2012年11月に景気の「谷」となり、景気循環上は、それからすでに4年たっていますが、まだいつ「山」を経過したのか、まだ「景気上昇期」が続いているのか、現時点（2016年12月）では、政府の景気動向指数研究会では判断をしていません。

6 日本資本主義の経済的矛盾は、幾重にも層をなして重なっている

　【年表Ⅱ】の《矛盾》の欄をみると、戦前から戦後にかけて今日までの165年間に、度重なる経済恐慌を繰り返してきたことがわかります。日本資本主義の生成・発展が急速であっただけに、資本主義的矛盾もそれだけ激しく、厳しいものがありました。

　また、経済恐慌だけでなく、「高度経済成長」の時代の始まりは、同時に公害問題が全国的に激化し、国民の健康や日本の自然の破壊が始まった時代でもありました。

　戦前から戦後にかけて165年の間に累積してきたさまざまな矛盾のうち、とくに経済的な矛盾について言えば、各時期の経済発展のなかでなし崩しで解消されてきたものもありますが、そのなかには解決されないまま、長期にわたって層をなして重なってきたものもあります。別表は、それらの経済的矛盾を各層ごとに示したものです。

　たとえば戦前以来の日本資本主義が抱え込んでいる矛盾としては、「慰安婦問題」に象徴されるように侵略戦争と植民地支配の決着がいまだに

日本資本主義165年の経済的矛盾は、幾重にも層をなして重なっている

矛盾の層	期間	日本資本主義の展開（矛盾の根源）── 矛盾の諸現象
第一層	1850年～　（165年）	資本主義的私的所有・私的取得、搾取・収奪、土地所有・資本・賃労働、家族
		●失業（雇用不安）と貧困化（ワーキングプア）、家族・女性・少子化、帝国主義的侵略戦争、植民地支配
第二層	1945年～　（70年）	戦後日本の国際的条件、対米従属の国家体制　政治的枠組み
		●原発・エネルギー、農業、為替変動（円高）、地域不均衡（東京一極集中）、経済軍事化
第三層	1955年～90年（35年）	資本蓄積・再生産様式──「高度成長」（日本的ケインズ主義）路線とその破綻
		●財政破綻、環境・公害、福祉破綻、インフレ・バブル（ケインズ主義）
第四層	1990年～　（25年～）	資本蓄積・再生産様式──多国籍企業化・「新自由主義」路線とその破綻
		●産業空洞化、中小企業・小企業危機、デフレ（需給ギャップ＝消費不況）、格差・貧困
第五層	2013年～16年（4年）	「アベノミクス」路線──リフレ政策・財政政策・「新自由主義」
		●リフレ政策、金融バブル、新自由主義強化、経済軍事化、人口減少（労働力不足）
	2017年～2020年～2025年　（今後）	差し迫る「アベノミクス」（異次元金融緩和）の大破綻
		●金融危機、財政危機、スタグフレーション、貧困と格差、自然災害　人口減少（潜在成長率低下）下の雇用危機

なされていない、近隣諸国の人々の生命と人権を著しく侵害したことへの誠実な謝罪がいまだにおこなわれていない、という「歴史問題」があります。安倍政権は、これらの課題に真摯にとりくむどころか、逆に安倍首相をはじめ主要閣僚が相次いで靖国神社を参拝するなど、矛盾を温存・再生産しています。

第二次大戦後の日本資本主義の構造を基本的に規定している日米軍事同盟は、沖縄県の普天間基地をはじめ日本全国の米軍基地問題を深刻化させ、また安倍内閣の戦争法（安保法制）強行の根源になっています。また、対米従属体制は、原発・エネルギー、農業、為替変動（円高）、地域不均衡（東京一極集中）、経済軍事化などなど、現代日本の政治・経済・文化の各領域の矛盾をつくり出しています。

1970年代の「高度経済成長」時代に形成された財界・大企業本位の資本蓄積様式を支えてきた財政・金融政策によって生み出された国家債務（財政赤字）は、歴代政権の「財政再建」の掛け声にもかかわらず、雪だるまのように膨れ上がる一方です。

また1970年代には、出生率の低下がはじまり、その後40数年にわたって「少子化」の流れにストップをかけることができなかったために、日本社会はすでに「人口減少モメンタム」時代に入っており、21世紀の中葉にいたるまで、かなり急速な人口減少を避けられなくなっています。

> （注）「人口モメンタム（慣性・惰性）」とは、出生率の変動と人口構成の変動（人口の増減）との間にあるタイムラグによって生ずる人口変動の特質のこと。「人口減少モメンタム」時代には、出生率が人口置換水準を上回っても、人口減少の流れを反転させるには今後数十年が必要になる。

このように、現代日本資本主義の矛盾は、戦前、戦後の160年余にわたる日本資本主義の歴史的経過のなかで解決できなかった矛盾が幾重にも層をなしており、安倍政権の政治・経済路線は、そうした矛盾をますます内攻・拡大させています。これらの問題についても、【年表Ⅲ】と第3章でとりあげます（101ページ）。

人口置換水準
　子どもの世代の人口と親の世代の人口が同じ規模となり（置き換わり）、人口が増加も減少もしない状態となる出生率水準のこと。現在の日本の人口置換水準は、2.07。

7　国民の闘いこそが、社会発展の基本動因

ここで、国民の闘いこそが社会発展の基本動因であることを見ておきましょう（【年表Ⅱ】では「階級闘争」の欄）。そのことは、日本資本主義165年の歴史を振り返ってみるとき、はっきりと確認することができます。

これまで、戦前から戦後へかけての日本独占資本主義の発展、変化の特徴を見たさいに、戦後の経済的な三大改革（農地改革、労働改革、財閥解体）についてふれました。そして、農地改革が日本資本主義にとって近代的な経済発展の条件をもたらし、戦後の急成長を促進する要因の一つとなったことに注目し

ました。この農地改革を推進した深部の力がどこにあったのか、戦前の農民運動の発展を例にとって、考えてみましょう。

明治維新後に半封建的な地主制度が形成されるのにともなって、全国で小作争議（地主にたいして、小作料や耕作権などをめぐって小作人が起こした闘争）が頻発するようになりました。地主と天皇制政府は、ありとあらゆる弾圧を加えましたが、小作争議を抑えることはできませんでした。なかでもよく知られる木崎村（新潟県）の小作争議の場合は、1922年から30年にかけて、日本農民組合や労働者の支援を受けて、小学児童のストライキや無産農民学校の設立まで試みられるほどの大闘争に発展しました。

1930年代には、農村恐慌によって農民の窮状は一段と深まり、小作争議はますます激化し、1935年～37年のピーク時には年間6,000件を超えるようになりました。その後、戦時体制が強まるとともに、表立った争議件数は急速に減っていきましたが、小作農民の要求と闘いの気概が消えたわけではなく、敗戦後の農民闘争に引き継がれていきました。

そして、こうした戦前の小作争議から引き継がれた農民の要求と闘いがあったからこそ、アメリカ占領軍の指示による農地改革が、地主の抵抗をはねのけて、きわめて短期間に実行されたのです。

8 日本資本主義は「第三の歴史的変革期」に入っている

日本資本主義165年の発展過程を大きな歴史の流れとしてとらえるなら、21世紀の日本は、第三の歴史的変革期に入っているといえるでしょう。

【年表Ⅱ】をみるとわかるように、日本の資本主義は、これまで歴史的な変革の時代を2回経験してきました。

第一回目は明治維新期の政治変革、社会変革です。それまでの江戸幕府が崩壊して、天皇中心の新しい国家ができました。そして、「文明開化」というスローガンのもとで、政治、軍事、経済、社会、科学技術、教育、文化、思想などについて、猛烈な勢いで欧米から学び、ほとんどありとあらゆる制度を導入しました。欧米の思想や技術、資本主義の諸制度を受け入れただけでなく、「富国強兵」というスローガンで軍事力の強化を国策として、経済政策も軍需産業の発展を最優先しました。そして、日清、日露の戦争から、第一次大戦を経て、天皇制軍国主義、アジアで唯一の帝国主義国に発展していきました。

このように明治維新の改革の進路は、大きく歪んでいき、ついには日中戦争からアジア・太平洋戦争という15年にもわたる無謀な戦争をおこなって、日本の国民とアジア諸国に塗炭の苦しみ、犠牲を強いて、1945年の敗戦となりました。

1945年の敗戦から、日本資本主義にとっての第二回目の改革が始まりました。この戦後の改革は、明治維新の改革に勝るとも劣らないほどの大きな意味をもっ

第2章　日本資本主義発達史の165年を年表でみる　73

た改革でしたが、対外的な側面と、国内的な側面で、ひじょうに違った内容の
ものになりました。その具体的な内容については、すでに述べたとおりです。

【年表II】では、戦争の結果として「敗戦」とあり、そこから二つの矢印を
書き込んであります。上の方の矢印では、敗戦の結果、対外的には日本は無条
件降伏をしましたから、国家主権を失って、アメリカの全面占領下に入り、こ
のアメリカの占領が1952年4月28日に発効したサンフランシスコ条約まで続き、
同じ日に調印された日米安保条約（1960年からは新安保条約）によって、今日
にいたるまで対米従属の状態が長く続くことになりました。

敗戦後の矢印のもう一つの方向、国内的な改革では、1947年5月3日に発効
した日本国憲法によって国民主権がかちとられて、三つの柱の経済改革 —— 農
地改革、財閥解体、労働改革 —— が実行され、社会・文化の面でも、教育基本
法をはじめ、戦前の家父長的な家族制度の改革などがすすめられました。

このように、対外的には対米従属という異常な状態が続き、国内的には一定
の民主的な改革が実現しました。これが日本資本主義の歴史のなかでの第二の
改革期の特徴でした。

そして、いま21世紀を迎えて、日本は、第三の改革期、新たな歴史的変革を
おこなう時代を迎えています。

日本資本主義の165年を振り返って見るときに、明治維新、戦後改革という、
これまでの2回の改革と、これからの歴史的変革とは、大きな違いがあります。

これまで2回の改革、明治維新も戦後改革も戦争との深いかかわりでおこな
われました。

明治維新のときは、外国との大きな戦争はありませんでしたが、長州藩がお
こなった下関戦争とか、薩摩とイギリスの薩英戦争とか、小規模な戦争はいろ
いろとありました。国内では、明治維新のさいは、幕府側の勝海舟と倒幕側の
西郷隆盛との会談で、江戸城無血開城が決まり、アメリカの南北戦争のような
大きな内戦は回避されました。それでも、上野の彰義隊や会津藩の白虎隊の抵
抗とか、函館の榎本武揚の抵抗とか、さまざまな戦争がありました。いわゆる
戊辰戦争です。明治維新のときには、やはり軍事力、武力が大きな役割をもっ
ていました。

次の戦後改革のときは、それまでの長い戦争、15年もの侵略戦争の結果、天
皇制軍国主義の無条件降伏を前提として始まりました。ですから、これは文字
通り戦争の結果と結びついて起こった大変革でした。

これまで2回の改革と比べると、21世紀に実現する新しい日本改革は、日本
国憲法の平和の理念を、日本で完全に実行して、それを世界平和の大きな足掛
かりにしていこうという、壮大な目標をもった改革です。

【年表II】をみるとわかるように、20世紀は、二度の世界大戦をはじめ、世
界中で無数の戦争がありました。しかし、この20世紀の悲惨な戦争の経験から、
人類はこの地球から戦争を一掃しようという思想を生み出し、その実現をめざ

す巨大な平和運動が発展しました。日本の憲法9条は、その20世紀の人類のつくり出した宝石のような結晶であり、戦争のない世界をめざすための、まさに世界に誇るべき21世紀の「北斗七星」にあたります。

しかし、現実には、日米安保条約（日米軍事同盟）のもとで、憲法9条は踏みにじられています。2015年には、安倍内閣のもとで、憲法違反の安保法制が成立しました。21世紀の新しい日本改革は、日米軍事同盟を廃棄し、憲法の平和理念を本当に日本で実現し、世界にたいして「戦争のない世界」をよびかけていく世界史的な意義をもっています。

しかも、今回の歴史的変革は、文字通り国民の圧倒的な多数者の意志で、選挙で議会での多数派を形成し、多数派の連合による政府をつくって、「国民が主人公」の立場で実現する改革です。その意味でも、徹底的に民主的な性格のものです。

【年表Ⅱ】の《階級構成》の欄をみると、明治維新の頃は、「士農工商」のうちで82％が「農」（農民）でした。第二次大戦後の1950年でも、農漁民が44.6％で、労働者階級は38.2％でした。1960年に労働者階級が50％を超え、その後、日本資本主義の発展とともに、その比率を高めて、1990年には、74.5％と国民の4分の3という多数者の比重を占めるまでに増大しました。直近の2015年には、83.5％にまで増大しています。

もちろん、客観的な経済的条件が労働者階級であったとしても、労働者一人ひとりの政治意識がそれにともなうわけではありません。労働者階級の内部的な構成も、物的生産労働従事者の比重が減って、商業やサービス関連労働従事者の比重が高まり、技術的労働従事者も大幅に増えています。また、テレビやインターネットなどメディアの多様な発展も国民の政治意識に大きな影響を与える時代になってきています。多数者を獲得するためには、粘り強い組織的活動や理論的活動が不可欠な重要性をもってきています。

日本資本主義165年のうち、最初の明治維新のときは、科学的社会主義の運動どころか、その思想、理論も、まだ日本には伝わっていませんでした。世界史的にみても、『共産党宣言』が1848年、『資本論』第一巻の初版が1867年で、明治維新の「王政復古」（1868年）の1年前ですから、まだ科学的社会主義の思想と理論そのものが世界史的にも創成期にあったわけです。

こうした過去の改革と比べると、21世紀日本の新しい歴史的変革は、これまでにない新しい条件のもとでの初めての民主的な改革です。

最後に、あらためて【年表Ⅱ】をみて、日本資本主義165年の歴史を振り返ると、「戦前の日本資本主義」が1868年の明治元年から1945年の敗戦までの77年なのにたいし、「戦後の日本資本主義」も2016年までで、すでに71年を超えています。数年後には「戦前の日本資本主義」と同じ時間の経過になるわけです。

「戦後の日本資本主義」も矛盾が拡大し、その限界が見え始めています。日本資本主義は、21世紀の新しい日本改革、第三の改革をめざす時代を迎えています。

第2章　日本資本主義発達史の165年を年表でみる　75

【年表Ⅲ】 20世紀末〜21世紀

		1989	1990	1991	1992	1993	1994	1995
	米国	ブッシュ（1989年1月〜1993年1月）				クリントン（Ⅰ期 1993年1月〜1997年1月）		
	英国	サッチャー（1979年5月〜1990年11月）		メージャー（1990年11月〜1997年5月）				
	独			コール（1882年10月〜1998年10月）				
	仏			ミッテラン（1981年5月〜1995年5月）				
	中国		楊尚昆（1988年4月〜1993年3月）					

世界政治・経済

1989	1990	1991	1992	1993	1994	1995
ソ連アフガン撤退／天安門事件（6・4）／東欧革命・ベルリンの壁崩壊／米ソ・マルタ首脳会談	マンデラ釈放／南北朝鮮首脳会談／東西ドイツ統一／イラク・クウェート侵攻（7・1）／冷戦終結へ	湾岸戦争／南北朝鮮、国連同時加盟／ユーゴ内戦泥沼化／ソ連崩壊（12・25）	欧州マーストリヒト条約調印／世界環境会議（リオ）／ユーゴ解体／NAFTA（北米自由貿易協定）／チェコ解体	ガット・ウルグアイR終結／ASEAN平和中立共同宣言／EU統一市場	マンデラ大統領就任／ルワンダ虐殺／NAFTA発効／国際人口会議（カイロ）	世界女性会議（北京）／WTO（世界貿易機構）

時代の特徴（キーワード）

イデオロギー	「社会主義」崩壊論（「資本主義勝利」論）
人口 家族・男女	家族の多様化　　先進国での「少子化」傾向（リプロ）
労働者階級	生産と労働の社会化
国家	生産と資本の集積・集中と群立・拡散の新たな段階
資本 再生産	多国籍企業による国際独占体の展開 — グロー
生産力 科学・技術	超LSI（超高密度集積回路）／ICT革命の展開／通信衛星の発達・展開／PC時代／Win95／イン
自然・環境	地球環境の危機

| | 竹下／宇野 | 海部内閣（89.8〜91.11） | | 宮沢内閣（91.11〜93.8） | | 細川内閣（羽田内閣）／村山内閣（94.6〜96.1） | |

国民の闘い

1989	1990	1991	1992	1993	1994	1995
農民運動全国連絡会／全労連結成	沖縄、三宅島、逗子で反基地闘争／消費税をなくす会	「国連平和協力法」廃案に／コメ自由化反対運動	コメ自由化反対広がる／ノーモア・カローシ運動／PKO法反対運動	小選挙区制反対運動	日本共産党・ソ連論	沖縄県民大闘争／ゼネコン型公共事業反対

メディア・世相

1989	1990	1991	1992	1993	1994	1995
手塚治虫没／美空ひばり没	幼女誘拐殺人事件／横浜ベイブリッジ／ちびまる子ちゃん	大学入試センター試験／日本人初宇宙飛行士／都庁移転	千代の富士引退／きんさんぎんさんブーム／貴花田優勝	Jリーグ誕生／いじめ自殺続発	ノーベル賞（大江）／北海道南西沖地震	WINDOWS95／1・17阪神淡路大震災／地下鉄サリン事件（3・20）／羽生善治初の7冠

政治

1989	1990	1991	1992	1993	1994	1995
昭和天皇死去（1・7）	リクルート事件／参院選で自民大敗／●衆院選・自民単独過半数／神戸、川崎などで革新自治体	日米構造協議最終報告／沖縄県知事選で革新勝利／小選挙区制廃案に／自衛隊掃海艇ペルシャ湾へ	PKO法不成立に／PKO協力法	○参院選 新党相次ぐ／佐川急便事件／田中角栄没／細川連立内閣／●衆院選自民・社会大敗／自民党政権崩壊・	健社会党が自衛隊「合憲」／小選挙区制法	村山談話／○参院選 青島都知事／金権政治深まる

いわゆる「失われた20年」——

経済

1989	1990	1991	1992	1993	1994	1995
消費税スタート	日経平均3万8915円／大蔵省が土地融資総量規制／株価暴落	地価下落／バブル崩壊	証券・金融不正	山形新幹線開業／深刻な不況が続く／不況いっそう深まる	ゼネコン汚職・金丸逮捕／コメ自由化受け入れ／消費税増税法成立／産業空洞化問題／円高（96円35銭）	住専問題・金融不安広がる／円高（一時79円台）／水俣病・HIV「解決」／新食糧法施行

1989	1990	1991	1992	1993	1994	1995
平成元	平成2	平成3	平成4	平成5	平成6	平成7

初頭の資本主義（世界と日本）

〔2016.1.1 作成。2017.2.1 補正〕

1996	1997	1998	1999	2000	2001	2002	2003

各国首脳
- クリントン（Ⅰ期　1997年1月～2001年1月）
- ブッシュ（Ⅰ期　2001年1月～2005年1月）
- ブレア（1997年5月～2007年6月）
- シュレーダー（1998年10月～2005年11月）
- シラク（1995年5月～2007年5月）
- 江沢民（1993年3月～2003年3月）

世界の動き

- **1996** ベトナム工業化現代化
- **1997** アジア通貨・金融危機／地球温暖化・京都議定書／香港返還／韓国大統領に金大中
- **1998** ロシア金融危機／ITバブルの高進／NY市場で株価急落
- **1999** NATO軍がユーゴ空爆／ユーロ導入（銀行間）／マカオ返還／仏で35時間労働／米国で金融規制緩和法・GRB法
- **2000** 南北朝鮮首脳が会談／プーチン大統領／米で株価大天井／国連女性2000年会議
- **2001** 9・11同時多発テロ／EUで解雇規制指令／ITバブルの崩壊／世界経済減速
- **2002** アフガン戦争／国連・食糧サミット／ユーロの流通開始／世界でイラク戦争反対運動
- **2003** イラク戦争開始／新型肺炎SARS

「新自由主義」（規制緩和）の展開

- ダクティブヘルス・ライツ（1994年）
- ILO・ディーセントワークの提起（1999年）
- 無権利・低賃金の非正規雇用の増大
- 中国など新興国における「国家資本主義」の発展
- バリゼーションの展開
- 資本主義のカジノ化＝**金融資本主義の発展**
- 携帯電話の普及
- ターネット時代
- Google 検索機能
- Saas　クラウド
- 量子コンピュータ
- 異常気象・自然大災害の頻発

日本の内閣・動き

- 橋本内閣（96.1～98.7）
- 小渕内閣（98.7～00.4）
- 森内閣
- 小泉純一郎内閣（2001年4月～2006年9月）

1996
- 消費税増税反対運動
- 芝信金裁判
- O157食中毒
- 原爆ドーム世界遺産
- 渥美清没
- ●衆院選（小選挙制）
- 「県内移設」計画
- 普天間基地

1997
- 労働者勝利
- 全労連10万人オルグ
- 都議選で共産党躍進
- 漫画ワンピース
- 神戸児童殺傷事件
- ダイアナ没
- ペルー大使館人質事件
- 日米新ガイドライン

1998
- 名護市民投票・海上基地反対
- ダイオキシン環境汚染
- 明石海峡大橋
- 長野五輪
- 日中の共産党関係正常化

1999
- 参院選・地方選で共産党躍進
- 日の丸君が代法反対
- iモード
- 沖縄の新基地建設反対
- 日産などリストラ反対
- 宇多田ヒカル・ブーム
- ○参院選
- 公明党が連立政権参加
- 平成の大合併スタート
- 日の丸君が代法強行

2000
- 公害裁判のたたかい
- 大型公共事業反対運動
- 嘉手納基地包囲人間の鎖
- 核廃絶アピール署名6千万
- 高橋尚子金メダル
- シドニー五輪
- ノーベル賞（白川）
- しんぶん赤旗カラー印刷
- ●衆院選（加藤の乱）
- 小渕首相倒れる

2001
- NTT11万人リストラ反対
- iPod発売
- ハンセン病国家賠償訴訟
- 女性国際戦犯法廷／（慰安婦問題判決）
- 大阪池田小殺傷事件
- イチロー米国で活躍
- DV社会問題化
- ノーベル賞（野依）
- テロ対策特措法
- 政府が「デフレ宣言」
- 中央省庁再編

2002
- 有事立法反対闘争
- 女性差別訴訟勝利相次ぐ
- Wカップ日韓大会
- 「ムネオハウス」
- 学校完全5日制
- ○参院選
- 拉致被害者五人帰国
- 日朝初の首脳会談
- 国会議員の辞職相次ぐ

2003
- 労働法制改悪反対闘争
- イラク戦争反対闘争
- ノーベル賞（小柴・田中）
- 松井選手ヤンキース
- 千と千尋の神隠し
- オレオレ詐欺
- 地上デジタル開始
- 阪神18年ぶり優勝
- イラク特措法
- 有事立法

たしかに、この時期に国民経済（GDP）は低迷してきた。→

1996
- 住専処理法（税金投入）
- 三菱銀行と東京銀行が合併

1997
- 消費税増税3→5%
- 北拓、山一破たん
- 金融危機

1998
- 97年度マイナス成長
- 消費税増税で不況深化
- 銀行支援2法（税金投入）
- 長銀・日債銀一時国有化

1999
- 新農業基本法
- 噴火・豪雨・地震相次ぐ

2000
- 介護保険制度発足・混乱
- IT基本法

2001
- 失業率5.5%過去最悪
- 不況深刻化

2002
- 《小泉「構造改革」路線の推進》
- 日本経団連の発足
- 小泉不況深刻化
- 株価下落最安値

2003
- 医療・年金・福祉改悪
- 日本郵政公社発足
- 消費低迷が続く

1996	1997	1998	1999	2000	2001	2002	2003
平成8	平成9	平成10	平成11	平成12	平成13	平成14	平成15

【年表Ⅲ】20世紀末～21世紀　（続き）

在任								
	2004	2005	2006	2007	2008	2009	2010	2011
米	ブッシュ（Ⅱ期　2005年1月～2009年1月）					オバマ（Ⅰ期　2009年1月～）		
英国	ブレア（1997年5月～2007年6月）				ブラウン（2007年6月～2010年5月）			
独	シュレーダー（1998年10月～2005年11月）		メルケル（2005年11月～）					
仏	シラク（1995年5月～2007年5月）				サルコジ（2007年5月～2012年5月）			
中国	胡錦濤（2003年3月～2013年3月）							

世界政治・経済

2004	2005	2006	2007	2008	2009	2010	2011
中南米で親米政権崩壊／左派中道政権続々樹立／拡大EU・憲法調印／★スマトラ大地震・大津波（29万人死）	★米でハリケーンカトリーナ／ロンドン・地下鉄テロ／東アジア首脳会議／北朝鮮の核6か国協議声明／この頃より気候異変・自然災害頻発	フセイン死刑／国際労働組合総連合ITUC／国連がイランの制裁／パレスチナでハマス政権／★ジャワ島大地震（死者5万人）	泥沼化するイラク戦争／原油・穀物価格高騰／サブプライム危機開始	ASEAN 15年に共同体へ／9・15リーマン破産／★中国四川大地震／**世界金融危機開始**	世界恐慌・G20開始／TACに米国加入／オバマ・核廃絶演説／欧州経済危機ギリシャ財政危機	原油高騰100ドル突破／北朝鮮・金正恩体制／中国、第二の経済大国へ	NYウォール街占拠運動／シリア内戦はじまる／欧州財政危機、南欧に拡大

時代の特徴（キーワード）

- **イデオロギー**：→「新自由主義」の破綻
- **人口・家族・男女**：国連の障害者権利条約（2006年）／ジェンダー平等の運（動）／LGBT
- **労働者階級**：長時間労働・労働強化／格差の拡大と貧困の増大
- **国家・資本・再生産**：中国の「経済大国」化／金融破綻・金融危機「金融＝危機対策・財政膨張・金融緩（和）」
- **生産力・科学・技術**：iPS細胞　バイオテクノロジー／太陽光発電／SNS／iPhone／スマホ
- **自然・環境**：地球環境危機　深刻化

国内内閣

小泉純一郎内閣（2001年4月～2006年9月）／安倍内閣／福田内閣／麻生内閣／鳩山内閣／菅内閣

国民の闘い

2004	2005	2006	2007	2008	2009	2010	2011
日本共産党新綱領／九条の会よびかけ／春闘共同の年金スト／石播が共産党員差別で謝罪／野村證券女性差別で和解	若者の雇用問題／障害者自立支援法反対／靖国史観批判広がる／九条の会・有明集会	九条の会・全国集会／米軍基地移転・岩国住民投票／NHK＝ワーキングプア特集／朝日＝偽装請負批判キャンペーン／ILOが公務員スト権勧告	米軍再編反対運動／最賃引き上げ運動／反貧困大集会／沖縄教科書11万人集会／反貧困ネットワーク	派遣法反対のたたかい／全労連＝非正規雇用センター	反貧困世直し大集会／非正規のたたかい広がる／年越し派遣村	名護市長選・稲嶺氏勝利／辺野古埋め込み2000日／普天間基地9万人集会／不当解雇、日航に反撃	**3・11東日本大震災・福島原発大事故**

メディア・世相

2004	2005	2006	2007	2008	2009	2010	2011
プロ野球スト・球界再編／冬ソナブーム／楽天イーグルス	ライブドア事件／JR福知山線脱線事故	建築耐震偽装問題／いじめ自殺続発／トリノ五輪荒川静香金	朝青龍7連覇／牛肉の産地偽装／**国会で格差・貧困論争**	白鵬、横綱に／蟹工船ブーム／ノーベル賞（益川、小林、下村）／**世界金融危機による大不況**	「派遣切り」／新型インフルエンザ／草食男子	大阪地検で証拠隠滅罪／観測史上最高の猛暑／ノーベル賞（根岸、鈴木）／白鵬63連勝	大相撲八百長問題

政治

2004	2005	2006	2007	2008	2009	2010	2011
自衛隊のイラク派遣／米軍ヘリ沖縄国際大学に墜落／○参院選	●衆院選・郵政民営化（自公326議席）／自民党が改憲案決定／小泉首相靖国参拝（5回）	21世紀の日米同盟／小泉ブッシュ会談／米国産牛肉輸入再開合意	改悪教育基本法／国民投票法成立／改悪イラク特措法	○参院選・自公大敗（宮本顕治元議長死去）／新テロ対策特措法／維新の会＝橋下大阪府知事	派遣切り政治問題／●衆院選・自公大敗	政府が「デフレ宣言」／尖閣諸島で中国漁船／○参院選・民主大敗／普天間移設で日米合意／政治とカネ	

→しかしこの時期に多国籍企業化した大資本は、巨大な規模

経済

2004	2005	2006	2007	2008	2009	2010	2011
東京三菱とUFJが統合／三菱自・タイヤ脱落裁判／新潟中越地震／風水害・戦後最悪	放送と通信の融合問題／この年から人口減少始まる／東証システム障害／みずほ証券誤発注	日銀がゼロ金利政策解除／貸金業規制法改正／貧困と格差が拡大／ライブドア社長逮捕	消えた年金問題／将来推計人口	円高局面に／郵政民営化スタート／原油・穀物高騰	雇用悪化　生産縮小／GDPマイナス15・2%	失業率5・7%／トヨタ赤字へ／中小企業の経営危機／円高80円台へ／法人税5%下げ／学生の就職難最悪／宮崎で口蹄疫発生	霧島新燃岳爆発

2004	2005	2006	2007	2008	2009	2010	2011
平成16	平成17	平成18	平成19	平成20	平成21	平成22	平成23

初頭の資本主義（世界と日本）

〔2016.1.1 作成。2017.2.1 補正〕

	2012	2013	2014	2015	2016	2017	2018	2019	2020

2013年1月）
オバマ（Ⅱ期 2013年1月〜2017年1月）　トランプ（2017年1月〜 ）
キャメロン（2010年5月〜2016年7月）　メイ（2016年7月〜 ）
オランド（2012年5月〜 ）
習近平（2013年3月〜 ）

世界

2012
- ドイツで原発ゼロへ転換
- イラク戦争最終終結宣言
- 世界各国で脱原発の動き
- 欧州23か国で反緊縮行動
- 非同盟会議・核廃絶へ動く
- チュニジア革命

2013
- 中東革命（アラブの春）
- 米中首脳会談＝新型大国関係
- エジプト政治混迷

2014
- 中東・IS拡大
- エボラ熱・死者8千人
- ロシアがウクライナ併合
- EUで緊縮政策反対デモ
- 世界各国で最賃引上げ運動

2015
- 仏でテロ拡大
- 難民問題の拡大
- 世界的なピケティブーム
- 地球温暖化・パリ議定書
- 米キューバ国交回復

2016
- パナマ文書で怒り広がる
- 英国EU離脱の国民投票
- 地球温暖化対策 パリ協定
- 核兵器禁止条約交渉開始
- 韓国大統領弾劾可決
- 米国で最賃15ドル運動広がる

2017
- トランプ米大統領就任

思潮・概念（横帯）

- 資本主義の停滞（「限界」）論
- の人権保障（差別解消）
- 動
- 新たな市民運動の発展
- 新たな労働運動の胎動（最賃制の運動など）
- 民主的変革のための新たな国家の役割
- 租税国家の危機」
- 和 ➡「緊縮政策」
- 第4次産業革命（ドイツ）
- ビッグデータ ／ IoT ／ AI（人工知能）
- ディープラーニング
- 原発ゼロ
- 自然エネルギーへの転換（温暖化対策）

日本

野田内閣　安倍晋三内閣（2012年12月〜 ）

2012
- 震災復興
- 震災口実の解雇反対
- 電気・情報リストラ反撃
- 普天間にオスプレイ反対
- 女子サッカーWカップ優勝
- 下町ロケット
- 関越道バス事故 税と社会保障一体改革8法
- 超円高75円台に
- 国家公務員給与削減法

2013
- 官邸前抗議行動
- 反原発17万人集会
- 秘密保護法反対闘争
- 辺野古埋め立てに反対
- ブラック企業告発
- トンネル崩落事故
- ノーベル賞（山中）
- スカイツリー開業
- あまちゃんブーム
- 富士山・世界遺産
- 半沢直樹ブーム
- ●衆院選・民主大敗
- 消費税増税法成立
- TPP参加を表明
- 特定秘密保護法
- ○参院・自公勝利・共産躍進
- 安倍首相・靖国参拝
- 円安局面に転換
- 異次元の金融緩和
- マイナンバー法
- 株価が上昇へ
- 原発汚染水問題深刻

2014
- 名護市長選、稲嶺氏再選
- ●衆院選・共産躍進・オール沖縄全勝
- 沖縄知事選・翁長氏圧勝
- ヘイトスピーチ問題
- STAP細胞不正事件
- ノーベル賞（赤崎、天野）
- 2020年東京五輪決定
- 集団的自衛権容認の閣議決定
- 原発推進のエネルギー基本計画
- 武器輸出3原則撤廃
- 《アベノミクス》「3本の矢」
- ●消費税増税5→8%
- 家計消費が落ち込む
- GDP2期連続マイナス

2015
- 原発再稼働反対運動
- 安保法制反対の国民的大運動
- TPP反対のたたかい
- 「ピケティ」ブーム
- ノーベル賞（梶田）
- 東京五輪問題続出
- 安保法制（戦争法）
- 《戦後70年問題》
- 辺野古工事に着手
- 「新3本の矢」
- 貧困と格差の拡大

2016
- 沖縄・辺野古・高江のたたかい
- 新潟知事選野党共闘の勝利
- 自衛隊駆けつけ警護批判 広島24年ぶり優勝
- 豊洲移転問題
- ノーベル賞（大隅）
- 東京都知事に小池氏
- 伊勢志摩サミット
- ○参院選（18歳選挙権）
- 安倍首相真珠湾訪問
- GDPマイナス
- TPP大筋合意
- 日銀マイナス金利
- 電通の過労自殺・労基法違反
- 熊本地震

2017
- 共謀罪法案反対闘争
- 稀勢の里、横綱に
- 共謀罪法案
- 「働き方改革」
- 人口減少が進む

に急成長した

	2012	2013	2014	2015	2016	2017	2018	2019	2020
	平成24	平成25	平成26	平成27	平成28	平成29	平成30	平成31	平成32

第3章 20世紀末〜21世紀初頭の資本主義

《【年表Ⅲ】は、同時代史として作成する》

　【年表Ⅲ】（「20世紀末〜21世紀初頭の資本主義」）は、マルクスが『資本論』を書いた19世紀までの歴史を扱っているのではなく、私たちが生きて活動している同時代、20世紀末から21世紀初頭、最近のほぼ4分の1世紀の時代の流れを4ページに収めた年表です。ですから、この年表は、直接的には、『資本論』の時代の資本主義を理解するためのものではありませんが、『資本論』で解明されている理論をもとにして、現代の資本主義を歴史的にとらえるための年表です。

　マルクスが『資本論』を執筆した当時（19世紀後半）には、『資本論』はまぎれもなく資本主義の同時代を描いたものでした。マルクスは、まさにマルクスにとっての眼前の資本主義、同時代の資本主義を歴史的に分析することによって『資本論』を書いたのです。いいかえるなら、マルクスにとっては、『資本論』は「現代資本主義論」そのものでもあったのです。その意味で、『資本論』を読みながら、われわれ自身の眼前の資本主義について考えることは、マルクスの『資本論』を理解するうえでも大事なことです。

　とはいえ、現代史、同時代史の年表を作成することはたいへん難しい課題です。どのような項目を選び出すか、それは、それぞれの人の歴史のとらえ方によってさまざまです。それだけに同時代史の年表を作成することには困難がともないます。「はじめに」で述べたように、年表に書き入れてない事項などを自分用に新たに追加して、ぜひ充実した同時代史の年表に完成させていっていただきたいと思います。

　【年表Ⅲ】には、二つの仕掛けが組み入れてあります。一つは、年表の右端に、2020年までの年代をとってあり、当然、まだ空白になっていることです。この欄には、新たに生起する出来事を読者の皆さんが書き入れていってください。

　もう一つの仕掛けは、年表の一番下に空白の欄をつ

年表Ⅲ　20世紀末〜21世紀初頭の資本主義

		1989　1990　・・・　・・・	2020
世界　政治・経済			
画期（キーワード）			
上部構造	階級闘争		
	メディア・世相		
	政治		
経済			
個人の記録			

くってあることです。ここは読者の皆さんのそれぞれの個人史的な事件（たとえば、学校に入学したとか、就職したとか、結婚したとか、孫が生まれたとか、海外旅行をしたとか、などなど）を書き込む欄です。この欄を書き込んでいくと、この年表がカバーしている時代は、まさに私たちが生きている同時代であることが、いっそう実感できるようになると思います。

【年表Ⅲ】は、上方の３分の１ぐらいを世界の出来事、下方の３分の２ぐらいを日本の出来事にあてています。そこで、世界と日本に分けて、年表の特徴を見ておきましょう。

世　界

【年表Ⅲ】では、最上段に主要国の政治指導者の任期を書き入れてあります。日本と比べて、いずれもかなり長期間の統治が続いているのがわかります。その下の欄には、世界政治・経済の主な事件をとりあげてあります。

その下の「時代の特徴（キーワード）」の欄では、現代の資本主義のさまざまな現象を表わすキーワードを選んで書き入れてあります。現代の資本主義をとらえる場合に、ややもすると陥りがちなのは、現代資本主義の特徴を、たとえば資本活動の多国籍企業化（グローバル化）であるとか、金融肥大化であるとか、ある一面からしかとらえないということです。しかし、それでは現代資本主義の多面的な特徴を総体的につかむことはできません。そこで、キーワードを選ぶにさいしては、下から、自然・環境、科学・技術・生産力、国家・資本・再生産、労働者階級、人口・家族・男女、イデオロギー・科学・思想、というカテゴリーにそって、現代資本主義の多面的な特徴がわかるように書き入れてあります。

留意していただきたいことは、こうしたキーワードは、ある時期に限られた一過性のものではなく、この時代全体の特徴を表わすものだということです。例えば、1990年〜92年のところに「ICT革命」とありますが、これはもちろんこの数年で終わったことではありません。同じように、「家族の多様性」についても、この時代全体にかかわるキーワードです。

以下、いくつかのキーワードについて、簡単に説明しておきましょう。

時代の特徴（キーワード）	イデオロギー 科学・思想
	人口 家族・男女 労働者階級
	国家 資本 再生産
	生産力 科学・技術 自然・環境

1 自然・環境。科学・技術、生産力（「資本の生産力」）の発展

現代の資本主義の特徴を分析するにさいし、まず重視すべきなのは、自然と現代社会とのかかわり方の変化と現代の生産力（「資本の生産力」）の特徴をとらえることです。

第3章　20世紀末〜21世紀初頭の資本主義　81

(1) ICT革命の展開、その意義

【年表Ⅲ】で示した時代、20世紀末から21世紀初めの時代の特徴の一つは、科学・技術と生産力（「資本の生産力」）の発展によって、自然や地球環境を守る課題があらためてクローズアップされてきたことです。

現代のICT（情報通信技術）革命は、驚くべき進展をみせています。膨大な情報を集積するビッグデータ、あらゆるモノとモノをインターネットでつなぐIoT、急速に人間に近づくAI（人工知能）などなど、ICT革命の急速な展開は目を見張る勢いで進行しています。IoTとは、英語の（Internet of Things）の三つの単語の頭文字をとった造語で、直訳すると「あらゆるモノをインターネットでつなぐ」

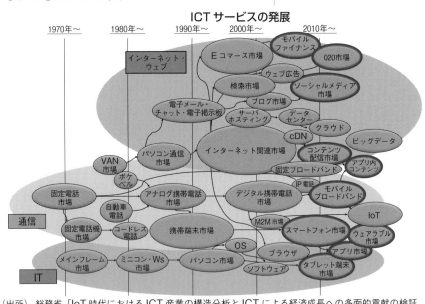

（出所）総務省「IoT時代におけるICT産業の構造分析とICTによる経済成長への多面的貢献の検証に関する調査研究」（2016年）

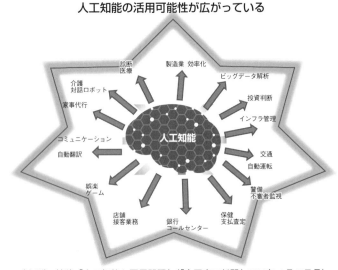

（出所）拙稿「人工知能と雇用問題」（「全国商工新聞」2016年4月11日号）

という意味です。AIとは、その名のとおり、人工知能（Artificial Intelligence）、人間の頭脳の機能を備えたコンピュータやそのプログラムのことです。

ICT革命の起源は、20世紀の半ばにさかのぼります。1950年の世界初の商用コンピュータ（UNIVAC Ⅰ）の完成、1957年の世界初の人工衛星の打ち上げ成功を嚆矢とする情報通信技術の進歩は、怒涛のような勢いで資本主義世界の生産力基盤を変革し、革命的な発展をもたらしてきました。ICT革命の技術的な根源には、すでに本書で述べた（35ページ）ことですが、マルクスが『資本論』で解明した生産力発展の秘密――「手工業の原理（主観的分割原理）から機械工業の原理（客観的分割原理）への転換」――アナログの原理からデジタルの原理への転換があります。今日では、機械工業の原理（客観的分割原理）は、とめどなくすすみ、ナノメートル（nm、1ナノメートルは10億分の1メートルの長さ）を超える「分割」にまで工学技術が発展してきています。

ICT革命の特徴は、機械工業の「客観的分割原理」がもっぱら「物質世界」を対象としていたのにたいして、ICT革命の「客観的分割原理」は「情報世界」を対象としていることです。ICT革命では、文字、画像、音声、動画などすべての情報を徹底的に分割して、「0と1」の要素（bit=ビット、情報量の基本

単位）から再構成するという原理（デジタル化）にもとづいています。ここに、かつての「産業革命」とは次元の異なる"新しい革命"としての「ICT革命」の意義があります。

現代の支配的資本は、ICT革命を「資本の生産力」としてつかむことによって、とりわけ20世紀後半から21世紀へかけてのわずか半世紀余の間に、資本主義世界の生産・流通、労働、生活、社会・文化など、あらゆる分野にきわめて大きな変化をもたらしてきました。直接のICT関連の領域のほかにも、ICT革命を利用することによってバイオテクノロジー、化学（新素材開発）、ナノテク、新エネルギーなど、イノベーション競争が世界的に激化しています。軍事が牽引するイノベーションに加えて民間企業の設備投資の重点が「研究開発」に変化し、生産力の発展に拍車をかけています。

ICT革命は、直接的には、人類の文明の画期的な進歩の表れといえますが、資本主義的な生産力（「資本の生産力」）の発展として、「多国籍・巨大独占資本」の苛烈な搾取形態の生産力的な基盤、資本蓄積の基盤になり、ICT化による労働条件の悪化など、これまでにない新たな矛盾も生んでいます。

ICT革命を中核とする現代の生産力の発展は、その資本主義的利用によって新たな形態の矛盾（核戦争、地球環境危機、生命倫理など）をつくり出しつつあります。とりわけICT革命によって資本の蓄積が世界的に拡散し、中国・新興国を中心にグローバルな規模で資本主義が発展することによって、地球環境危機、自然破壊、異常気象がますます深刻化しつつあります。また、ICT革命とも深く連関しながら新たな生命科学が発展し、医療・生殖にかかわるバイオテクノロジーが急速に発展しつつあり、新たな生命倫理、人間科学の発展が求められています。

ICT革命は、後述するように、社会変革の主体的条件の形成にとっても、また未来社会への移行の客観的条件としても、きわめて重要な意味をもっています。しかし、当面は、ICT革命は、「資本の生産力」として、世界的な生産の拡大、相対的剰余価値生産の拡大、利潤の増大の源泉になっており、世界資本主義の危機の一時的な回避、延命の役割を果たしています。

しかし、AIやIoTなどのICT（情報通信技術）革命の発展は、一時的に資本主義体制の危機を繰り延べたとしても、生産の社会化と資本主義的生産関係との新たな矛盾を深めざるを得ないでしょう。

ICT化と労働条件悪化

ICTの発展は基本的には人類の進歩の現われであるが、他面では、従来の熟練労働から標準化されたコンピューター操作による単純労働への代替を可能にした。大企業は、ICT化によって、正規社員を減らし、低賃金・無権利の非正規社員への転換をすすめてきた。ICT化による非正規雇用の急増は、正規社員にとっても、賃金抑制・サービス残業などの労働条件悪化の背景になっている。

生命倫理

現代の医療や生命科学の飛躍的発達にともなって、脳死による臓器移植のあり方、人工授精による生殖のあり方など、人類は生命にかかわる新たな倫理的課題に直面している。

⑵ 核兵器廃絶と地球温暖化阻止をめざしての歴史的前進

【年表Ⅲ】で示した時代の最後の年、2016年には、核兵器廃絶の課題と地球温暖化阻止の課題にとって、二つの歴史的な前進がありました。

核兵器廃絶の課題については、核兵器は非人道的なものだとして、法的に禁止する核兵器禁止条約の決議が2016年の国連で初めて採択されました。同年10月の国連総会第1委員会で、2017年から条約交渉を始めるという決議が、主導

第3章　20世紀末〜21世紀初頭の資本主義　83

するメキシコやオーストリアなど123か国の賛成で採択されたのです。安倍内閣は、アメリカの圧力に屈して、唯一の被爆国でありながら同決議に反対して国際的な批判の的になりました。

　核兵器禁止条約の決議が国連で2017年7月に採択されるまでには、日本の原水爆禁止運動をはじめ、世界各国での核兵器廃絶を求める粘り強い運動がありました。たとえば、1985年2月に日本原水協を含む11か国の反核団体がよびかけた「核兵器全面禁止・廃絶のために──ヒロシマ・ナガサキからのアピール」署名運動は、今日にいたるまで世界世論と運動のなかで核兵器廃絶のコンセンサスをつくり出す重要な運動となりました。

　地球温暖化阻止の課題については、地球温暖化対策の新たな国際枠組み＝パリ協定が2016年11月4日に発効しました。パリ協定は、国連気候変動枠組み条約第21回締約国会議（COP21）で15年12月に採択され、わずか1年足らずのスピード発効でした。世界第5位の排出国である日本はようやく10月11日に批准案を閣議決定し、国会に提出しましたが、世界の流れから立ち遅れて発効後の国際的なルールづくりで出遅れることになりました。

　パリ協定は、1997年に採択された「京都議定書」から18年振りの国際合意です。先進国のみに温室効果ガスの削減を義務づけた京都議定書と違い、すべての国が削減目標を自主的につくって、達成に向けた国内対策をとることが義務づけられています。京都議定書を離脱したアメリカや温室効果ガスの排出量が急増している中国、インドを含む196の条約加盟国・地域のすべてが参加するため、「画期的な合意」と高く評価されています。パリ協定の内容は、締約国が2020年以降の温室効果ガスの自主的な削減目標を示し、世界全体で産業革命前と比べた気温の上昇を2度未満に抑えること、そのために今世紀後半に世界全体で温室効果ガスの排出を実質ゼロにすることをうたっています。

2 資本・再生産・国家

⑴　資本活動の多国籍企業化と再生産構造の変化

　現代資本主義の支配的資本は、ICT革命などの巨大な生産力を掌握することによって、生産と資本の集積・集中を新たな段階におしすすめ、「多国籍・巨大独占資本」（多国籍企業・多国籍銀行）となっています。多国籍企業化の本質を「外延的な蓄積の拡張」の問題としてだけではなく、「内包的な蓄積の高度化」の問題としてもとらえる必要があります。単に国境を越えた資本蓄積の地域的な拡張というだけではなくて、生産力の新たな発展段階に対応した資本蓄積様式の新たな展開、生産の集積・集中の新たな発展による資本の有機的構成の高度化、相対的過剰人口の形成としてとらえなければなりません。

　グローバルな市場における「多国籍・巨大独占資本」の資本蓄積活動の展開

によって、生産と流通のグローバル化がすすみ、国際的な再生産の連関が拡大・緊密化するなかで、資本主義各国の社会的総資本の再生産と流通過程（国民経済の再生産構造）も変化しています。国民経済単位の資本蓄積・再生産の土台の上で、いわば新たな重層的な特徴を形成しながら、世界市場と国内市場で資本蓄積と再生産のからみ合った軌道が生まれつつあります。その結果、「多国籍・巨大独占資本」のグローバルな資本蓄積の拡大は、直接的には、国民経済の再生産にかく乱と歪みをもたらしています。

このように、現代資本主義のもとでは、世界市場でのグローバルな規模での再生産のからみ合いが強まっていますが、にもかかわらず、その矛盾は国民経済単位で累積・発現し、階級闘争は国民単位で発展します。とくに欧米日先進諸国と「新興諸国」との間では経済危機の形態は大きく異なっています。グローバルな世界経済の矛盾の特徴とともに、各国の国民経済に特有な矛盾の特徴を、複眼的にとらえなければならないでしょう。

(2) グローバリゼーション —— 生産と資本の集積・集中と群立・拡散の法則[注]

(注) ここで「資本の群立・拡散の法則」という言い方をしたのは、「資本の集積・集中の法則」に対置させることによって、資本蓄積にともなって個別資本が増大する側面を強調するための筆者の造語です。

マルクスは、『資本論』第Ⅰ巻第七篇の「資本蓄積論」のなかで、「資本の集積・集中の法則」を解明していますが、同時に、マルクスは、資本の蓄積過程のもう一つの側面として、資本主義が生成・発展するさいには、個別資本が数的に増大していくこと、いわば「資本の群立・拡散の法則」を論じています。

「社会的資本の増大は、多数の個別的資本の増大を通じて行なわれる。……同時に、原資本から側枝が分離して、それが新たな自立的資本として機能する。……それゆえ資本の蓄積につれて、多かれ少なかれ資本家の数も増大する」。「したがって、蓄積およびそれにともなう集積が、多くの点に分散させられているだけでなく、機能資本の増大が、新資本の形成と旧資本の分裂とによってさまたげられている」（④、1076ページ。原書、653〜654ページ）。

こうした資本蓄積の二つの側面、とくに資本主義の生成期における資本の群立・拡散の傾向は、20世紀後半から21世紀にかけてのICT革命のもとで、世界のグローバル化を促進するうえで、きわめて重要な意味をもってきました。21世紀の資本主義は、多国籍企業による国境を超えた資本蓄積のもとで、国際的な規模で《生産と資本の集積・集中と群立・拡散の法則》が作用するようになり、一方では、中国などの新興国が急激に経済成長するのにたいして、他方では、欧米日諸国では、産業空洞化と中小企業の危機が深刻になっています。

とりわけ日本では、こうした資本蓄積の法則の二つの側面のうち、一方の「資本の集積・集中」だけが独り歩きして、もう一方の「多数の個別的資本の増大」

がすすまなくなっており、むしろ中小・零細な個別資本の激しい淘汰・減少が進行しています。日本経済が二十数年間、停滞している大きな原因の一つがここにあります。

(3) 資本主義の金融化（「金融資本主義」の傾向）

「金融資本主義」という用語を定式化したマーチン・ウルフ（イギリスのフィナンシャル・タイムス紙のコラムニスト）によると、それは、①膨大な金融資産の累積、②資本市場が銀行の金融仲買機能を代替、③デリバティブ（金融派生商品）の膨張、④ヘッジファンドの成長、⑤金融のグローバリゼーション、などの特徴をもつ「新しい資本主義」だといいます。しかし、これは「金融資本主義」の特徴を列挙しただけで、その本質的意味がなんなのかを解明したものではありません。

マルクス経済学の立場からも、さまざまな研究がなされてきています。これらの理論的検討をふまえつつ、「金融資本主義」の本質的意味を考えてみましょう。「金融資本主義」とは、「不換通貨ドルのもとでの擬制資本の異常な膨張、その現代的な形態としての証券化の発展・金融の肥大化、そのもとでの貨幣資本循環のバブル的体質の恒常化」にほかなりません。その場合、「金融の肥大化」という現象を一面的にとらえるのではなく、《(1)実体経済の変化→(2)金融経済の変化→(3)実体経済への影響》として、実体経済の変化と金融経済の変化を統一的にとらえることが重要です。具体的にみれば、次のようになります。

(1)ICT革命・新興国の経済発展による世界資本主義の資本蓄積構造の変化（生産と資本の集積・集中と群立・拡散の新たな段階）

→(2)不換通貨ドル垂れ流しの条件下での擬制資本の異常な膨張と累積、とりわけ擬制資本の現代的な形態としての証券化の発展・肥大化

→(3)金融肥大化の現実資本の循環＝資本蓄積・再生産への影響の強まり（貨幣資本循環のインフレ的、バブル的な性格の恒常化の傾向）

こうした実体経済と金融経済の変化とを統一的にとらえる理論的視点は、『資本論』第Ⅱ巻第一篇の「資本循環」論、第Ⅲ巻第五篇の「貨幣資本と現実資本」論にあります。

(4) 新たな国家論の課題 ── 移行期における国家の役割の再定義

資本主義は、その生成・発展の歴史過程において、一貫して国家の役割を利用し、一方では資本活動が国家によって支えられ、他方では国家の機能と機構を膨張させてきました。資本主義国家の機能を列挙すると、次のように多面的な分野に拡大してきています。

①夜警国家から戦争国家へ＝暴力装置　階級抑圧・民族抑圧　侵略戦争　帝国主義国家

②貨幣制度と資本蓄積の管理＝市場調整機能　（近年は、グローバル市場か

ら宇宙、サイバー空間の管理）

③労働力管理・保護＝工場法、雇用・労働基準（ディーセントワーク）、社会保障制度、「福祉国家」（所得再分配）

④租税国家＝追加収奪と再分配　国家信用の膨張　「債務国家」

⑤土地（自然）管理＝土地所有（地主）機能の代替　地球（気象）環境

⑥国民統合＝教育、イデオロギー　ナショナリズム　ケインズ主義　新自由主義

⑦人口問題＝マルサス主義からリプロダクティブ・ヘルス／ライツへ

ところが、20世紀末から21世紀初頭にかけては、多国籍企業による「企業が国を選ぶ時代」などという一面的な国家観、「多国籍企業史観」とでも言うべき時代認識による歪んだ国家観が主張されるようになり、「新自由主義的国家論」が支配的となりました。この歪んだ時代認識のもとで、とりわけ先に述べた国家の③労働力管理・保護の機構と制度が大幅に後退・改悪されて、その結果として労働者・国民の貧困と格差が拡大してきました。しかし、そうした「多国籍企業史観」にもとづく国家政策は、国民経済を衰退の一途に追い込み、すでに限界にきています。

現代資本主義の危機の深まりとともに、新たな体制移行期における「国家の役割」（政治的な役割、経済的な役割、思想的文化的な役割）を理論的にも解明することが求められています。「先進国革命」における「新しい国家資本主義」のための国家論といってもよいでしょう。

マルクスは、『資本論』のなかで、「（国家は）新しい社会をはらむあらゆる古い社会の助産婦である」と、次のように指摘しています。

> 「（本源的蓄積の―引用者）どの方法も、封建的生産様式の資本主義的生産様式への転化過程を温室的に促進して過渡期を短縮するために、国家権力、すなわち社会の集中され組織された強力を利用する。強力は新しい社会をはらむあらゆる古い社会の助産婦である。強力はそれ自身が一つの経済的力能である」（④、1286ページ。原書。779ページ）。

移行期の「新しい国家資本主義」の経済政策のカギは、市場経済の活用はいうまでもありませんが、より重要なのは、雇用・労働基準（ディーセントワーク）の実現、国家の所得再分配機能の再生による新たな「福祉国家」の創造、民主的な「経済計画」の活用でしょう。そのための創造的な国家の役割に関する理論、来るべき新しい移行期の国家の役割に関する理論が求められています。

新しい国家資本主義
　レーニンは、1920年代のネップ（新経済政策）を推進するために、国家の力と資本主義の力を結合する意味での「国家資本主義」を活用する理論を提起した。歴史的条件は異なるが、21世紀にも、未来社会へ移行するさいに、「新しい国家資本主義」を利用することが考えられる。

3 労働者階級・家族・男女・人口問題

⑴ 「生産の社会化」と労働者階級の運動の新たな条件

「多国籍・巨大独占資本」の世界市場での活動は、資本主義各国で資本の有

機的構成の高度化、相対的過剰人口の新たな形成をもたらすとともに、お互い
の国内の労働者階級の階級闘争の成果の到達点を切り崩す反動的な政策推進の
背景となっています。資本のグローバルな展開に対応する世界の労働者階級の
国際的な運動の新たな時代、ほんらいインターナショナルな運動であるべき労
働者階級の新たな世界史的段階における戦略と戦術の展開が求められる時代と
なっています。

　現代資本主義における「生産の社会化」には、変化が生まれています。ICT
革命が発展し、生産過程の自動化がすすみ、各工程が情報ネットワークによっ
て結びつけられるようになり、一見すると、労働者はバラバラに切り離されて
いるかのようにみえます。労働者階級の組織化の条件は、むしろかつての時期
よりも困難になってきているのではないか、という疑問も生まれています。

　しかし、現代の「生産の社会化」にともなう「労働の社会化」は、かつての
ような工場のなか、地域のなかでの形態だけでなく、情報ネットワークによっ
て社会的規模（世界的規模）にまで発展しつつあるととらえるべきでしょう。
それは、共同の生産手段の使用による「労働の社会化」の形態とともに、目に
見えない情報ネットワークによって結びつけられた「労働の社会化」の形態が
加わることによって、たしかに肉眼ではとらえ難くなっています。しかし、けっ
して労働が分断され、個別化しているわけではありません。

　もちろん、19世紀、20世紀のように、工場内での「労働の社会化」が目に見
える形で「労働者階級の結集と自覚を高め、団結するための国内的、国際的条
件となる」という環境は変化しています。労働者階級の結集と団結を強めるた
めには、ICT 革命の時代に対応する労働者の立場から独自のネットワークを
つくっていくことが必要になっています。これは、現代資本主義のもとでの社
会変革の主体形成のための新たな組織論の課題です。

(2)　家族。女性とジェンダー平等。人口問題、リプロダクティブ・ヘルス／ライツ

　現代資本主義について考えるさいに、忘れてならないことは、人々が生きて
生活するもっとも基礎的な単位である「家族」のあり方の多様化がすすんでい
ることです。「家族」のあり方は、女性とジェンダー平等の問題、高齢化社会な
どの問題と深くかかわっています。また欧米日の少子化傾向はすでに20世紀か
ら始まっていましたが、21世紀に入ると、韓国、香港、シンガポール、タイな
どのアジアの新興国をはじめ、発展途上国を含めて世界的な出生率の低下傾向
が起こっています。現代資本主義について考えるうえで、人口問題は避けて通
れない課題となっています。

　人口問題については、1994年にエジプトのカイロで開かれた国際人口開発会
議（ICPD）で提唱されたリプロダクティブ・ヘルス／ライツ（性と生殖に関す
る健康と権利、sexual and reproductive health and rights＝SRHR）の概念が

労働の社会化
生産の社会化

　「労働の社会化」とは、労働者の協業や社会的分業によって労働が社会的性格を強め、相互に社会的な結びつきを強めること。

　「生産の社会化」とは、資本主義的生産のもとで、生産手段の集中と労働の社会化がすすみ、生産物が多数の労働者の共同の生産物になること。

ジェンダー（gender）

　セックス（sex）が生物学上のオス・メスの違いであるのにたいして、ジェンダーは、歴史的・社会的・文化的につくられた〈男らしさ〉〈女らしさ〉のこと。男女差別の社会的な根深い原因になっている。

重要です。リプロダクティブ・ヘルス／ライツとは、国内法・国際法および国連での合意にもとづいた人権の一つです。1995年に北京で開催された第4回世界女性会議（北京会議）で、リプロダクティブ・ヘルス／ライツはすべてのカップルと個人が有する人権の一部であると採択文章に明記されました。つまり、妊娠、出産は女性の問題だけではなく、性と生殖に関する男女の平等な関係、同意、共同の責任が広く認識され、男性の性に関する役割と責任が強調されることとなりました。

リプロダクティブ・ヘルス／ライツは、人間の生殖システムおよびその機能と活動過程のすべての側面において、身体的、精神的、社会的に完全に良好な状態にある権利を指します。したがって、リプロダクティブ・ヘルス／ライツは、人々が安全で満ち足りた性生活を営むことができ、生殖能力を持ち、子どもを持つか持たないか、いつ持つか、何人持つかを決めることについての完全な自由を持つことを意味します。すべてのカップルと個人が、自分たちの子どもの数、出産間隔、出産する時期を自由にかつ責任をもって決定でき、そのための情報と手段を得ることができるという基本的権利です。

イデオロギー──「新自由主義」潮流の世界的興隆とその限界

20世紀の末から21世紀へかけての時期は、資本主義諸国のイデオロギー分野では、「新自由主義」潮流の興隆とその限界があらわになってきた時代でした。

(1)　「新自由主義」イデオロギーの基本的特徴

1970年代は、戦後の資本主義各国の経済政策を主導してきたケインズ主義のもとで累積してきたさまざまな矛盾が爆発して、「新自由主義」イデオロギーの影響が大きく広がり始めた時期でした。イギリスのサッチャー政権（1979～90）、アメリカのレーガン政権（1981～89）、日本の中曽根政権（1982～87）は、「新自由主義」を世界的な主流派にする流れをつくりました。それ以後、2008／9年の金融危機・世界恐慌が勃発するまでの30年余の間に、とりわけ先進諸国では「新自由主義」の影響が広がりました。

ここで、「新自由主義」とはなにか、その概念の意味をあらためて整理しておきましょう。世界各国の「新自由主義」の現われ方には、いろいろな違いがあるため、「新自由主義」を規定するのは簡単ではありませんが、できるだけ簡潔に、「新自由主義」という思想潮流の基本的特徴を規定すると、次のように言えるでしょう。

> 「新自由主義は、現代の資本主義体制を擁護するブルジョア・イデオロギーの最新の形態である。それは20世紀後半以来、アメリカを中心とする多国

第3章　20世紀末〜21世紀初頭の資本主義　89

籍企業・多国籍銀行の展開とともに、世界資本主義の主要な潮流として政治、経済、社会、教育・文化など各分野の諸現象に現われている。その階級的本質は、大資本（主に多国籍企業）による労働者・国民への支配と搾取の強化、資本蓄積の発展を図る点にある。その政策的特徴は、ICT（情報通信技術）革命を利用しながら、グローバル化した金融の投機的活動を強めるとともに、世界市場での国際競争力強化をかかげて、規制改廃・民営化によって市場原理を経済・社会のあらゆる分野に押し広げ、競争によって経済の効率性と社会の活力を発揮させるとしている点にある。さらにその政治的特徴は、反社会主義の立場から、労働組合運動はじめ国民の運動の抑圧に力を入れる点にある」（拙著『「新自由主義」とは何か』2006年、93ページの規定を一部補正）。

「新自由主義」イデオロギーの特徴の一つは、いわゆる19世紀的な「古典的な自由主義」イデオロギーと違って、一種の「革新的」な装いをまとい、さまざまなイデオロギー潮流を解体・再編しつつ、資本主義の再活性化・延命をはかろうとしていることです。従来のリベラルな立場のブルジョア・イデオロギーは、この「新自由主義」イデオロギーの影響を受けて解体・吸収されつつある部分と、それに反対して勤労者の立場に接近しつつある部分との二つの潮流に分かれ始めています。また社会民主主義イデオロギーの場合も、同じように二極化しつつあります。日本の1990年代以降の諸政党の目まぐるしい離合集散、「オール与党化」現象のイデオロギー的な背景にも、こうした「新自由主義」をてこにしたイデオロギー的な解体・再編の動きが一定の役割を果たしているものと思われます。

(2) 「新自由主義」イデオロギーの経済的基盤

問題は、こうした「新自由主義」のもとでのイデオロギー的再編がなぜ急速にすすんできたのか、その客観的背景はなにか、ということです。

「新自由主義」イデオロギーの階級的基礎は、世界史的な資本の集中・集積の新しい段階、アメリカ多国籍企業を中心とする国際独占体の発展と世界市場での支配の拡大、現代帝国主義の新たな展開があると思われます。しかし同時に、その背景には、現代資本主義のもとでの新たな生産力・科学技術の発展（とりわけICT革命の飛躍的発展・応用化など）を基盤として、生産・流通・消費のあり方が大きく変化し、とりわけ労働内容や労働編成の流動化が急激にすすみつつあるという現代資本主義の経済的土台の変化があります。

そのために、「新自由主義」イデオロギーは、単純な19世紀的な「個人主義」への回帰としてではなく、労働者の「自己裁量権」の拡大、市民の「自己決定権」の尊重などを前面にかかげながら、あたかも資本主義の新たな発展段階に対応した「個人の自由の拡大」をめざす進歩的・革新的なイデオロギーである

かのような「幻想」をともなっています。

したがって、「新自由主義」イデオロギーの政治的な結論（反動性）や階級的本質を批判することにとどまらず、そのイデオロギーの客観的な根拠について、現代資本主義の経済的土台の変化と関連づけて深く理論的に解明し、その歴史的な意味を根底から批判する必要があります。

(3) 2008／09年の金融危機以後のブルジョア・イデオロギー

米欧日各国では、2008／09年の世界的な金融危機・世界恐慌の後、経済政策の国際協調体制を強めてきました。しかし、それを支えるべき経済理論の面では、混迷した手探りの状態が続いています。

資本主義の経済危機が長引くとともに、かつては近代経済学の内部で華々しくおこなわれていた「ケインズ主義」と「新自由主義」の理論的政策的論争は、すっかり影をひそめてしまったようにみえます。

1980年代以降のケインズ主義は、「新自由主義」との論争の過程で、オールド・ケインジアンとニュー・ケインジアンとに分化しました。その結果、ブルジョア経済理論の主要な潮流には、①オールド・ケインジアン、②ニュー・ケインジアン、③「新自由主義的新古典派」の三つの流れになったかのようにみえました。ところが、欧米日の支配層は、いわゆる「百年に一度」の経済危機への対応のために、①オールド・ケインジアン的な財政政策＋②ニュー・ケインジアン的な金融政策＋③新自由主義的な構造改革（成長戦略）という形で、いわば三つの潮流の経済政策を総動員してきました。そうすることによって、ようやく体制崩壊的なパニックを回避することができたといえるでしょう。まさに経済理論のうえでは「みんなで渡れば怖くない」状況をつくりだしたわけです。しかし、こうしたイデオロギー状況は、世界的な資本主義の理論的政策的な混迷状態の現れでもあり、そのこと自体、現代資本主義の危機の深さを示しています。

(4) 新しい変化の兆候 —— 2015年／16年頃からの変化

2014年から15年にかけて、突然、世界的なピケティ・ブームが巻き起こりました。ピケティ・ブームとは、1971年生まれのフランスの気鋭の経済学者トマ・ピケティ氏の著書『21世紀の資本』が世界中で大ベストセラーになったことです。同書は、非マルクス経済学の立場から、「格差の拡大」という現代資本主義の矛盾を徹底的に探究した書として、またそうした資本主義を弁護・推進する経済政策や経済学者たちを厳しく糾弾した書として、世界的なブームを起こしました。ピケティ氏は、「格差拡大」政策を推進してきた体制主流派や「新古典派経済学」（「新自由主義」経済学）にたいして、皮肉を込めて、「経済的、金融的なエリートたちは、自分の利益を死守するためなら、天井知らずの偽善振りを発揮する」と批判しています。筆者は、同書を書評したコラムのな

オールド・ケインジアン
ニュー・ケインジアン
1940年代～70年代前半までの、マクロ経済学を中心とするケインズ主義者(オールド・ケインジアン)にたいし、70年代後半以降に「新自由主義」からの批判を受けて、ミクロ経済学の分野も含めたケインズ理論の新たな発展をめざすケインズ主義者たちを、ニュー・ケインジアンと呼んでいる。

新自由主義的新古典派
新古典派経済学は、1870年代に、かつての古典派経済学の労働価値説を放棄して「近代経済学」を創成した。20世紀後半の「新自由主義」の経済理論は、その「新古典派」を受け継いで、市場万能主義、資本主義的競争至上主義を基礎にしている。(89ページの「新自由主義の基本規定」も参照)。

第3章　20世紀末～21世紀初頭の資本主義　91

かで、「本書が世界的なベストセラーになっているということは、21世紀の資本主義が変革期を迎えているという時代の変化のなによりもの証しといえるでしょう」(「しんぶん赤旗・日曜版」2015年1月10日号) と述べました。

イギリスの国民は、2016年6月の国民投票でEU離脱 (Brexit＝ブレグジット) を選択しました。イギリス国民がEU離脱を決めた背景は、さまざまな要因があります。たとえば、EU諸国からの移民・難民の急増がイギリスの国民の仕事を奪い、社会保障費などの財源を圧迫しているという不満です。たしかに、この10年近くの間に、イギリスへの移民流入数は約100万人も純増しています。しかし、移民や難民の問題だけではありません。EUが大資本の利益にそって欧州市場を統合してグローバル化をすすめてきたために、ドイツなど経済大国と周辺国との不均衡が拡大してきました。債務危機に陥ったギリシャなどへの金融援助のためイギリスの税金を使うことには根強い反発があります。グローバル化は、国内では格差と貧困を増大させ、EU主導で押しつけられてきた緊縮政策や構造改革にたいして、各国で国民の不満が増大しています。

5 アメリカ帝国主義の世界戦略の矛盾の拡大

2016年11月の米大統領選では、「アメリカ第1」をかかげたドナルド・トランプ氏が勝利し、第45代米大統領に就任しました。トランプ氏勝利の背景にも、イギリスのEU離脱と同じように、大資本の利益を優先させ、国民経済を疲弊させてきたグローバリゼーションにたいする国民の不満があることは間違いないでしょう。しかしアメリカの場合は、単なる経済のグローバル化の矛盾だけではありません。それに加えて帝国主義的世界戦略の矛盾が重なっています。

アメリカ帝国主義の世界支配を支える軍事費は、1940年代の第2次大戦中にはGDPの38％にまでたっしていました。戦後は、一時は3％台にまで減っていましたが、「冷戦」の開始とともに再び膨張し、1953年には14％に増大しました。総兵力 (米本土と海外) でも、1987年には217万人にまで膨れ上がっていました。旧ソ連の崩壊によって「冷戦」がおわると、1990年代には軍事費は漸減していましたが、2001年9月の同時多発テロ後は再び増加に転じ、2011年には史上最高の7055億ドル (約70兆円～80兆円) の規模になりました。兵力でも、2012年度には、米本土＝141万4149人、海外＝19万6248人、イラクなどで戦闘中＝約16万人、海外の37カ国・地域に611カ所の軍事施設を展開しています (駐在武官を含めると148カ国に駐留)。世界の航空母艦21隻のうち11隻は米軍が保有し、地球上のどこにでも常時出撃できる体制を敷いています (以上、米国防総省、ストックホルム国際平和研究所、日本防衛省などのデータより)。

こうしたアメリカの帝国主義的軍事態勢は、巨大な軍産複合体の利権の源泉です。しかし、米国民にとっては、貧困と格差を荷重する重荷となっています。

軍産複合体
　米国の軍部と軍需産業とが癒着した結合体を示す用語。米国の政治・経済・イデオロギーを支配している。米国のアイゼンハワー第34代大統領が1961年1月の離任演説で、その危険性を指摘した。

アメリカ経済にとっても、世界中に軍事基地を張り巡らし、地球の裏側にまで出かけて侵略戦争をすることは、大きな負担になりつつあります。

しかし、過去の歴史を見ても、帝国主義は、矛盾が深まれば深まるほど逆に暴走する危険があります。

6 小括 ── 新たな世界史的な「移行」の時代へ向かう「過渡的な時期」

最後に、2015年／16年ごろから始まりつつある新しい変化の兆しについて、歴史的な視野から、その意味を考えておきましょう。

【年表Ⅲ】の時代、20世紀末〜21世紀初頭の時代は、資本主義の客観的矛盾が激化しているにもかかわらず、新しい社会へ向けての世界史的な変革の主体形成が立ち遅れて、そのギャップが広がっている時代だといえるでしょう。

いまからちょうど100年前に、レーニンは、『帝国主義論』（『資本主義の最高の段階としての帝国主義』、1916年に執筆し、1917年に発刊）の最終章の末尾の部分で、次のように指摘しています。

> 「……私経済的関係と私的所有の関係は、もはやその内容にふさわしくない外皮をなすこと、そしてこの外皮は、その除去を人為的に引きのばされても、不可避的に腐敗せざるをえないこと、（最悪の場合に日和見主義の腫れ物の治癒が長びくと）その外皮も比較的長いあいだ腐敗したままの状態にとどまりかねないが、しかしそれでもやはり不可避的に除去されるであろうことが、明白になるのである」（国民文庫『資本主義の最高の段階としての帝国主義』、164ページ）。

レーニンは、資本主義という社会制度が限界にきても、その変革が引き延ばされ、新しい社会への移行ができないならば、不可避的に外皮の「腐敗」が起こると述べ、さらに「腫れ物の治癒が長びくと、その外皮も比較的長いあいだ腐敗したままの状態にとどまりかねない」と念を押しています。しかし、レーニンは、「それでもやはり不可避的に除去されるであろう」と結論づけています。

レーニンがこう述べてから100年以上がたったいま、世界史的な視野でみるなら、資本主義の客観的な矛盾は累積し、ひじょうに深まっていますが、資本主義に代わる未来社会をめざす社会変革の主体的形成は立ち遅れています。なかなか未来社会へ移行する歴史的道筋が見えてきません。

世界史的に見て、資本主義体制の客観的矛盾が深まっているにもかかわらず延命している理由を考えてみると、表で示したように、①資本主義体制の維持・延命・機構の形成、②「生産力の発展」による経済的矛盾の一時的吸収 ── ICT 革命の展開、③変革主体の未形成 ── 理論・イデオロギー的な立ち遅れ、などなど、さまざまな要因があげられます。こうした要因は、いましばらくの間は世界史的な移行の時代の到来を遅らせるかもしれません。

第3章　20世紀末〜21世紀初頭の資本主義　93

しかし、レーニンが述べているように、「それでもやはり不可避的に」、資本主義から新しい社会への移行の時代は必ず来るでしょう。客観的矛盾の拡大は、それを押し隠し、時代遅れの社会体制を一時的に延命させるどのような要因をも乗り越えて、社会変革の主体を形成せずにはおかないからです。

世界資本主義の体制維持・延命を許している条件

①資本主義体制の維持・延命・機構の形成
○国内 ── 「福祉国家」体制による社会統合 ○国際 ── 軍事同盟強化、地域連携（日米同盟、EU） ○ブルジョア・イデオロギーの強化、「新自由主義」潮流の蔓延
②「生産力の発展」による経済的矛盾の一時的吸収 ── ICT 革命の展開
○体制崩壊的な危機を繰り延べる搾取条件の形成、新たな剰余価値の獲得 ○資本蓄積の外延的拡大（新興国、市場移行国） ○「新自由主義」路線による搾取体制の強化
③変革主体の未形成 ── 理論・イデオロギー的な遅れ
○ソ連・東欧「旧社会主義」崩壊（1991）後の混迷から立ち直れていない ○労働者階級の運動の困難、組織の後退 ○国際的運動の団結の困難 ── 中国「社会主義」の進路の混迷 <div align="right">（国際路線の「非社会主義的傾向」 ・強権的政治 ・国内の「腐敗」）</div>

【年表Ⅲ】の後半部分、2008／09年の世界金融危機以後の世界史的局面は、本格的な世界史的な移行の時代へ向かう、いわば「過渡的な時期」が始まりつつあるように見えます。ここで、「過渡的な時期」という意味は、まだ未来社会をめざす本格的な移行の時代は始まってはいないが、そこへいたるまでの、いわば試行錯誤的な時期という意味です。この試行錯誤的な時期には、これまでの時代の流れからの類推を超えた予想外の動きが起こる特徴があります。たとえば、2014年から15年へかけての、突然の世界的なピケティ・ブーム、2016年のイギリスの国民投票による EU 離脱決定、アメリカの大統領選挙におけるトランプ氏の当選、などなどです。また欧州における極右翼政党の進出なども注目しておくべき動きでしょう。「過渡的な時期」には、発達した資本主義諸国における新たな社会運動の発展の兆しがあるのと同時に、反動と革新の政治的な対立の激化とともに、国民の政治意識が左右に大きくジグザグに揺れ動く現象が現れるように見えます。しかし、こうした試行錯誤の「過渡的なジグザグ現象」の経験を通じて、世界各国で、徐々に徐々に国民の政治意識が前進し、本格的な社会変革の条件が確実に成熟していくだろう、そして21世紀の遅くない時期に世界史的な移行の時代がはじまるだろう、と筆者は考えています。

先に述べたように、2016年には、核兵器廃絶の課題と地球温暖化阻止の課題にとって、二つの歴史的な前進 ── 核兵器禁止条約と地球温暖化阻止のためのパリ協定の批准・発効もありました。

いずれにせよ、世界的な「資本主義の危機」の深まりと労働者・市民の新たな闘いの発展は、世界史的にみて、ある新たな時代、21世紀の「先進国革命」のあり方があらためて問われる時代が来ていることを示しています。

21世紀の「先進国革命」の理論的探究のためには、20世紀後半から21世紀へかけて急速に変貌をとげつつある現代資本主義の分析が不可欠です。世界的な「資本主義の危機」の深まりは、こうした理論的課題が急務となっていることをあらためて示しています。『資本論』にもとづく現代資本主義の研究は、ますます時代の課題となっています。

日 本

　日本の欄では、やはり唯物史観の立場から、年表の一番下に経済問題の動きを置いて、その上に政治や思想・文化、階級闘争を書き入れてあります。

　日本の同時代史を考えるさいに留意すべきことは、これまで述べてきた「世界」の同時代史の内容がそのまま日本にもあてはまるということです。とりわけ「時代の特徴（キーワード）」として述べたことは、ほとんどそのまま日本の「時代の特徴（キーワード）」でもあります。これは、日本も世界の一部だという意味だけではなく、この時代、すなわち「20世紀末～21世紀初頭の資本主義」の時代に、グローバリゼーションがすすみ、世界がますます一つの歴史的時代を共有するようになっているからです。また、ICT（情報通信技術）革命のもとで、世界の動きが瞬時に地球全体に伝わるようになり、各国の歴史が世界史の一部としての性格をいっそう強めているからです。

　そこで、「日本」の項では、「世界」の項でこれまで述べていなかったことに絞って、補足的に若干の説明をしておきましょう。また、すでに【年表Ⅱ】と第2章で述べたことについても、ここでは繰り返しません。

1　【経済】「いわゆる《失われた20年》」の時代の意味

⑴　「いわゆる《失われた20年》」の実態
　　──「GDP」分析から「資本」分析へ

　1989年から90年にかけてバブル景気が崩壊したのち、一般には「いわゆる《失われた20年》」などと言われる長期不況が続いてきました。たしかに、この期間の名目国内総生産（GDP）の推移をみると、1997年の521.3兆円にまで増大した後、低迷が続き、2015年には500.4兆円と、97年よりも20兆円以上も減少しています（図）。

「いわゆる《失われた20年》」の期間に、たしかに名目GDPは低迷してきた。
──── しかし、多国籍企業化した大資本は急膨張した

名目GDP〔国内総生産〕の推移 (年度、兆円)

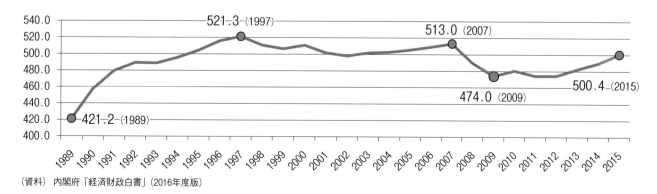

(資料)　内閣府「経済財政白書」(2016年度版)

しかし、このようにGDPで表わされる国民経済が停滞していた時期は、同時に多国籍企業化した巨大独占資本が急膨張した時代でした。つまり、「GDP」の面からみると「失われた20年」でしたが、「資本」の活動の面からみると、まったく異なった「多国籍企業の繁栄の20年」だったのです。

実際にこの時期に世界最大の自動車会社に成長したトヨタ自動車の場合をみると、1990年に9.12兆円だった売上高（連結決算）は、2016年には28.40兆円へと、実に3倍も増大しています（図）。

こうした急膨張は、トヨタだけのことではありません。上場企業の2016年度決算（連結決算）をみると、この期間に多国籍企業化した大資本は売上高を軒並み大幅に増大させています。たとえば売上高上位50社のうち、減少したのはわずかにNECと三菱自動車の2社だけで、そのほかの企業は2倍以上、なかには5倍以上の企業もあります。

このように、「いわゆる《失われた20年》」は、他方では「多国籍企業の急成長の20年」だったわけですが、因果関係から言えば、大資本が多国籍企業化して国内から海外へ企業活動の力点を移していったことが、日本国内の産業空洞化をもたらし、GDPを停滞させてきたと言えるでしょう。

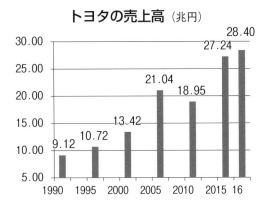

トヨタの売上高は、この25年間（いわゆる「失われた20年」の期間）に、9兆円から28兆円に3倍以上も膨張してきた

トヨタの売上高（兆円）

（注）2010年に一時的に売上高が減少しているのは、北米で、2009年から2010年にかけて大規模なリコールが発生した影響である。
（出所）トヨタの各年度の決算資料より。すべて連結決算。

先に「世界」の項（84ページ）で、「グローバルな市場における多国籍・巨大独占資本」の資本蓄積活動の展開」によって、「資本主義各国の社会的総資本の再生産と流通過程（国民経済の再生産構造）も変化」していると述べました。また、こうした欧米日の多国籍企業の活動によって、「一方では、中国などの新興国が急激に経済成長するのにたいして、他方では、欧米日諸国では、産業空洞化と中小企業の危機」がすすんできたと指摘しておきました。こうした現象は、日本の場合は、とりわけ鮮明に現れてきたといえるでしょう。日本の場合は、1990年代初頭の「バブル景気の崩壊」が日本大企業が多国籍企業化の道へ競ってすすむ「号砲」となったからです。

ここで大事なことは、「いわゆる《失われた20年》」の日本経済の実態を正確に分析するためには、「GDP」分析だけではなく、「資本」の分析が必要だということです。GDP統計をもとにした経済分析は、たとえば「家計最終消費」の動向など、経済全体の需給関係などを総体的につかむためには重要な意味をもっています。しかし、GDP統計では、「資本」の実態を分析するためにはきわめて不十分な情報しか得られません。むしろGDP統計は、資本活動の実態を隠蔽する役割をももっていると言えるでしょう。資本主義の経済実態を分析するためには、『資本論』の理論による「資本」分析が不可欠です。

（2）　二重の意味で転換期に入った戦後日本資本主義

　日本資本主義は、世界的な金融・経済危機と東日本大震災・原発大事故を経て、二重の意味での歴史的な転換期に入っています。「二重の」というのは、世界史的な意味での転換期と戦後日本資本主義の構造の歴史的な転換期とが重なって進行し始めているということです。

　戦後日本資本主義の歴史的な転換期の根底にあるのは、「高度成長期」以来戦後日本資本主義の発展を貫いてきた対米従属・輸出主導型の資本蓄積＝再生産方式が最終的な「行き詰まり」の段階に入りつつあるということです。

　安倍首相が推進しているアベノミクス（安倍内閣の経済政策）は、日本経済の再生には効果がないというだけではなく、日本経済の矛盾をいっそう内攻させ、経済崩壊へ導く危険があります。長期的に展望するならば、いまから危惧されるのは、東京五輪後の2020年代の日本資本主義の危機です。異常な金融緩和を続けてきたアベノミクス路線の完全破綻、消費税頼みの財政政策の崩壊、モノづくり日本の衰退と雇用危機、国民各層へ広がる貧困と格差、加速する人口減少などなど、戦後日本資本主義の矛盾は累積・拡大しており、それらの矛盾が総合的に発現してくる危険があります。

　しかし、戦後史的な資本蓄積＝再生産方式の「行き詰まり」ということは、支配体制にとっての深刻な危機を意味していますが、国民的な変革の立場からいえば、戦後日本資本主義の基本構造を改革し、日本経済を新たに再生させるチャンスが生まれることでもあります。

2　【政治】激しい政治的変動の時代

（1）　選挙制度の改悪と自民党政治の延命

　戦後の日本政治は、1955年に自由党と民主党が合同した自由民主党が、結党以来、1993年まで政権与党の座を占め続けてきました。保守合同以来、1993年までに中選挙区制のもとで13回の衆議院選挙がおこなわれてきました。自民党は、その時々でかなり激しい変動はありましたが、衆院議席占有率は1960年の63.4％をはじめ、常に衆議院では、圧倒的多数派を維持してきました。しかし、その得票率はしだいに低下し、1993年の宮沢内閣のもとでおこなわれた総選挙

売上高50位（2016年度）の大企業
（1990年度からの増加をみる）

企業	業種（商業除く）	順位	2016年3月期（億円）	1990年3月期（億円）	（倍）	
トヨタ	自動車	1	284,031	91,928	3.1	
ホンダ	自動車	2	146,012	38,529	3.8	@
日本郵政	サービス	3	142,575	──	──	
日産自	自動車	4	121,895	56,452	2.2	
NTT	通信	5	115,410	60,224	1.9	
日立	電気機器	6	100,343	70,779	1.4	@
ソフトバンク	通信	7	91,535			
JX	石油	8	87,378			
ソニー	電気機器	9	81,057	29,452	2.8	@
パナソニック	電気機器	10	75,537	60,028	1.3	
東電HD	電力	11	60,699	40,868	1.5	
東芝	電気機器	12	56,687	42,520	1.3	@
新日鉄住金	鉄鋼	13	49,074	29,728	1.7	
富士通	電気機器	14	47,393	25,498	1.9	
NTTドコモ	通信	15	45,271	──	──	
デンソー	電気機器	16	45,245	15,116	3.0	
KDDI	通信	17	44,661	2,587	17.3	
三菱電	電気機器	18	43,944	29,764	1.5	@
三菱重	機械	19	40,468	22,788	1.8	
三菱ケミHD	化学	20	38,231	──	──	
キヤノン	電気機器	21	38,003	17,279	2.2	@
ブリヂストン	ゴム	22	37,903	17,000	2.2	
出光興産	石油	23	35,702	──	──	
JFE	鉄鋼	24	34,317	──	──	
マツダ	自動車	25	34,066	24,023	1.4	
関西電	電力	26	32,459	20,753	1.6	
アイシン	自動車	27	32,432	6,862	4.7	
富士重	自動車	28	32,323	6,613	4.9	
大和ハウス	建設	29	31,929	6,719	4.8	
スズキ	自動車	30	31,807	9,826	3.2	
住友電	非鉄金属製品	31	29,331	10,010	2.9	
JR東日本	鉄道・バス	32	28,672	──	──	
中部電	電力	33	28,540	17,068	1.7	
NEC	電気機器	34	28,212	34,442	0.82	@
東燃ゼネ	石油	35	26,279	4,720	5.6	
富士フイルム	化学	36	24,916	10,649	2.3	@
シャープ	電気機器	37	24,616	13,679	1.8	
オリックス	その他金融	38	23,692	3,160	7.5	@
郵船	海運	39	22,723	7,553	3.0	
三菱自	自動車	40	22,678	23,607	0.96	
JT	食品	41	22,529	──	──	
コスモHD	石油	42	22,443	──	──	
豊田織	機械	43	22,289	4,915	4.5	
リコー	電気機器	44	22,090	8,355	2.6	@
キリンHD	食品	45	21,969	12,569	1.7	
昭和シェル	石油	46	21,776	14,116	1.5	
東レ	繊維	47	21,044	8,440	2.5	
住友化	化学	48	21,018	10,685	2.0	
東北電	電力	49	20,956	10,679	2.0	
ダイキン	機械	50	20,437	3,586	5.7	

（資料）　2016年分は、日経ランキング。1990年は、東洋経済新報社『会社四季報』1991年第2集（春）。商社、小売業など商業を除く。1990年から2016年までの間に企業再編などのため連続しない企業は ── で示す。＠は、SEC方式の決算書による。

では、得票率は初めて40％を割り込み、議席占有率も43.6％となり、保守分裂なども影響し、衆議院の過半数を維持できず、1955年いらい初めて自民党と共産党以外の政党による連立政権、細川政権が成立しました。

【年表Ⅲ】で示した時期（1989年～2016年）は、こうした戦後日本政治を支配してきた自民党政治の崩壊が時間の問題だと思われ始めた時代です。この自民党支配の危機を救い、延命させたのが選挙制度の改悪、小選挙区制の導入でした。

1993年9月に細川内閣のもとで提出された「政治改革関連4法」（①小選挙区比例代表並立制導入を柱とする公職選挙法改正案、②政治資金規正法改正案、③政党助成法案、④衆院選挙区画定審議会設置法案）が94年3月に成立しました（当初の議席配分は、小選挙区300、比例代表200、計500名。その後、定数削減により、2016年の議席は、小選挙区295、比例代表180、計475名）。

小選挙区制が導入されて以後の自民党の比例区の得票数は、中選挙区時代の得票数（平均して約2,500万票）よりも大幅に減少しました。しかし、小選挙区制のおかげで、自公政権は衆院議席の多数派を占め続けています。

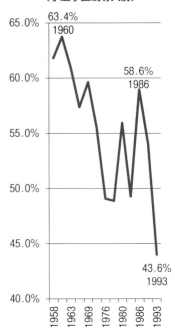

自民党の衆院議席占有率（小選挙区制導入前）

(2) 民意を反映しない安倍政権の「選挙勝利」

安倍（第2次）内閣は、2016年までの4回の国政選挙（衆議院2回、参議院2回）で「勝利」してきていますが、別表から明らかなように、自民党の得票数の減少と得票率の低下は続いています。2014年12月の総選挙では、自民党・公明党ブロックが議席の3分の2を維持しました。しかし、議席の占有率と国民の民意は大きくかけ離れています。自民党の得票は有権者比でみた場合には、小選挙区で25％、比例代表では17％にすぎません。有効投票比でも、小選挙区で48％なのに、議席では75％です。自民党の比例得票数の1,766万票は、小泉内閣時代の2回の総選挙と比べると、大幅に減少しています。絶対得票率でみると、16％～17％（6人に1人）の国民の支持しか得ていません。安倍政権の総選挙の「大勝利」は、まさに小選挙区制という制度がつくり出した「虚構の多数」であるといえるでしょう。

小選挙区制導入後の自民党の総選挙得票数

	内閣	比例得票数（万票）	絶対得票率（％）
1990年2月	海部内閣	※比例なし	
1993年7月	宮沢内閣	※比例なし	
1996年10月	橋本内閣	1,821	18.6
2000年6月	森内閣	1,694	17.3
2003年11月	小泉内閣	2,066	20.2
2005年9月	小泉内閣	2,589	25.1
2009年8月	麻生内閣	1,881	18.1
2012年12月	安倍内閣	1,662	16.0
2014年12月	安倍内閣	1,766	17.0

（注）絶対得票率は、有権者数に対する比率

3 【イデオロギー】「新自由主義改革」が強行されてきた時代(注)

(注)日本における「新自由主義」の導入史については、拙著『「新自由主義」とは何か』（2006年、新日本出版社）の第6章のなかで分析したものをもとにしています。ただし、その後の新たな歴史的展開をふまえて、本書では歴史区分の仕方を追加・補正してあります。

【年表Ⅲ】の時代、20世紀末～21世紀初頭の時代は、世界的に「新自由主義」路線が蔓延し、各国で矛盾を拡大した時代として特徴づけられますが、日本の

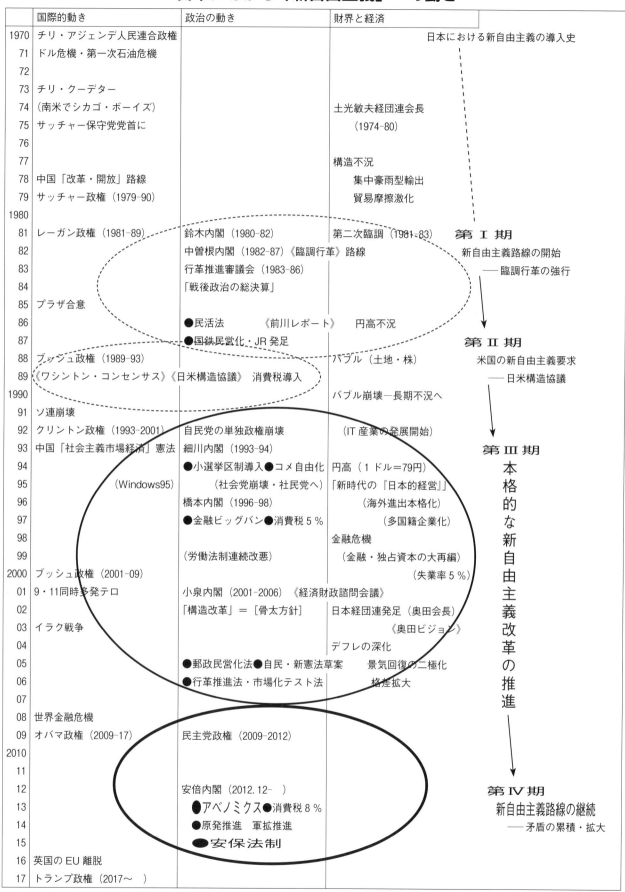

第3章 20世紀末〜21世紀初頭の資本主義

場合も1990年代後半以降、財界・大企業と政府が一体となって「新自由主義」路線を推進してきたこと、その矛盾が拡大・噴出してきた時代と特徴づけられます。

ただし、日本における「新自由主義」路線の導入は、戦後の日本資本主義の歴史的条件によって独自の特徴的な経過を経てきました。日本の「新自由主義」の歴史的な流れを考えるために、四つの時期に分けて考えてみます。別図（99ページ）では、四つの時期の展開を楕円形の枠で示しました。

第一の時期は、1980年代の臨調「行革」（第二次臨時行政調査会と臨時行政改革推進審議会のもとでの「行政改革」）、中曽根内閣（1982年11月～87年11月）時代の「新自由主義」です。

第二の時期は、日米「構造協議」が1989年から90年にかけておこなわれて、アメリカからは、「新自由主義」的な立場から、日本経済の構造そのものを、より市場中心の「透明」なものにする抜本的な改革要求が提起されました。日米「構造協議」の最終報告は、1990年6月にまとめられました。

第三の時期は、政府と財界が一体となって、本格的に「新自由主義」路線を推進し始めた時期です。まず橋本内閣（1996～98）が「新自由主義的改革」として「六大改革」［①金融改革（いわゆる「日本版金融ビッグバン」）をはじめ、②行政改革、③経済構造改革、④社会保障構造改革、⑤財政構造改革、⑥教育改革］を打ち出し、財界（日経連）も、『新時代の「日本的経営」』（1995年5月）という報告書で、「新自由主義経営」への戦略転換を本格化させました。さらに、小泉内閣（2001～2006）の5年間に、「新自由主義」イデオロギーの影響が急速に広がっていきました。

第四の時期は、安倍（第2次）内閣が2012年12月に発足してから、アベノミクス（安倍内閣の経済政策）の名のもとで、小泉内閣以来の「新自由主義」路線が継続されるとともに、新たに原発推進、軍拡推進が強行されるようになったことです。同時に、「新自由主義」路線のもたらした社会的経済的矛盾——たとえば貧困と格差の拡大などが発現するようになりました。

※　　※　　※　　※

このように、日本における「新自由主義」路線は、国際的な時代背景を追い風にしながら、1980年代から現在まで三十数年間にわたって推進・強行されてきました。

安倍首相は、2016年7月に「アベノミクスは道半ば」などと訴えて参院選をたたかい、8月には新たな経済対策と称して「28兆円経済対策」なるものを決めました。また同年9月に日本銀行は、これまでと同じように国債の大量買入れを続けながら、「異次元の金融緩和」の力点を金利政策に移すなどと言い始めました。これらの政策展開は、国民に約束した「デフレ脱却」や「経済再生」

日米「構造協議」

日米通商摩擦を契機に、1989年から90年にかけて行われた日米間の経済協議。最終報告（1990）には米国の要求で日本の経済構造の改革が盛り込まれた。

金融ビッグバン

ビッグバンの原義は、宇宙論における最初の「大爆発」のこと。金融ビッグバンとは、金融市場の徹底的な規制緩和によって完全自由化をもくろむ「大改革」の比喩的言い方である。

などが4年たっても実現せずに、アベノミクスにたいする国民の疑念・批判が高まるのをおそれた"最後の悪あがき"のようにみえます。

しかし、安倍内閣のもとでのアベノミクス路線の破綻は、ただ効果がなかったという一過性の政策失敗のエピソードで終わるものではありません。アベノミクスを「安倍内閣の経済政策」全体を表すものと再定義するなら、その最大の特徴は、戦争法（安保法制）を実行するための自衛隊の強化、日米軍事同盟強化のための物質的基盤の構築にこそあると言えるでしょう。その意味では、軍事予算の急増、武器輸出3原則撤廃、軍事研究への動員、原発再稼働などなど、アベノミクスの軍拡政策だけは急激なスピードで実現しつつあります。

アベノミクスの唯一の"新しい経済政策"といえば、アメリカのP・クルーグマン教授に代表されるニューケインジアン流の「貨幣数量説」による通貨増発政策、いわゆる「異次元の金融緩和」にありました。しかし、これはモルヒネ（麻薬）のような「禁じ手」の政策であり、長期的にみれば、日本経済を取り返しのつかない危険にさらす結果となっています。

しかも先に第2章（72ページ）で述べたように、現代日本資本主義の矛盾は、たんに4年間のアベノミクスがもたらした矛盾だけではありません。戦前、戦後の165年余にわたる日本資本主義の歴史的経過のなかで解決できなかった矛盾が根雪のように層をなして堆積しており、アベノミクスは、こうした矛盾をいっそう内攻させてきました。アベノミクスの破綻は、アベノミクスそれ自体の政策的な失敗を示すだけでなく、これらの幾重にも層をなして累積する矛盾を一挙に噴出させる可能性があります。

21世紀の日本を長期的に展望するならば、いまから危惧されるのは、先に述べたように、東京五輪後の2020年代の日本資本主義の危機です。安倍内閣の経済政策（いわゆるアベノミクス）のもとで続けてきた「異次元の金融緩和」の完全破綻、消費税頼みの財政政策の崩壊、モノづくり日本の衰退と雇用危機、国民各層へ広がる貧困と格差、加速する人口減少などなど、矛盾は累積・拡大しています。こうしたさまざまな経済的矛盾がアベノミクスの破綻による大不況とからみあって連鎖的に発現してくる危険があります。たとえば、アベノミクスによる「異常な金融緩和」政策が完全に行き詰ったとき、国債の大暴落、為替レートの激変（円急落）などの形で日本発の金融パニックが起こる懸念もあります。その意味でも、2020年代の日本資本主義は、かつてない大激動の時代になる可能性があります。

こうした長期的展望に立つとき、国民の言論弾圧・情報統制をもくろむ「特定秘密保護法」、テロ等準備罪の名による「共謀罪法」、さらには自民党憲法草案の「緊急事態条項」などなど、現代版治安立法の危険性を、あらためて警戒しておく必要があるでしょう。

貨幣数量説
　貨幣の流通速度を一定とすれば、貨幣の流通必要量は商品の価格総額によって規定される。「貨幣数量説」は、これを逆にとらえ、通貨の発行量によって商品の価格総額（物価水準）が決まるとする誤った貨幣理論。

【年表Ⅳ】マルクスとエンゲルスは『資本論』をどのように執筆し、

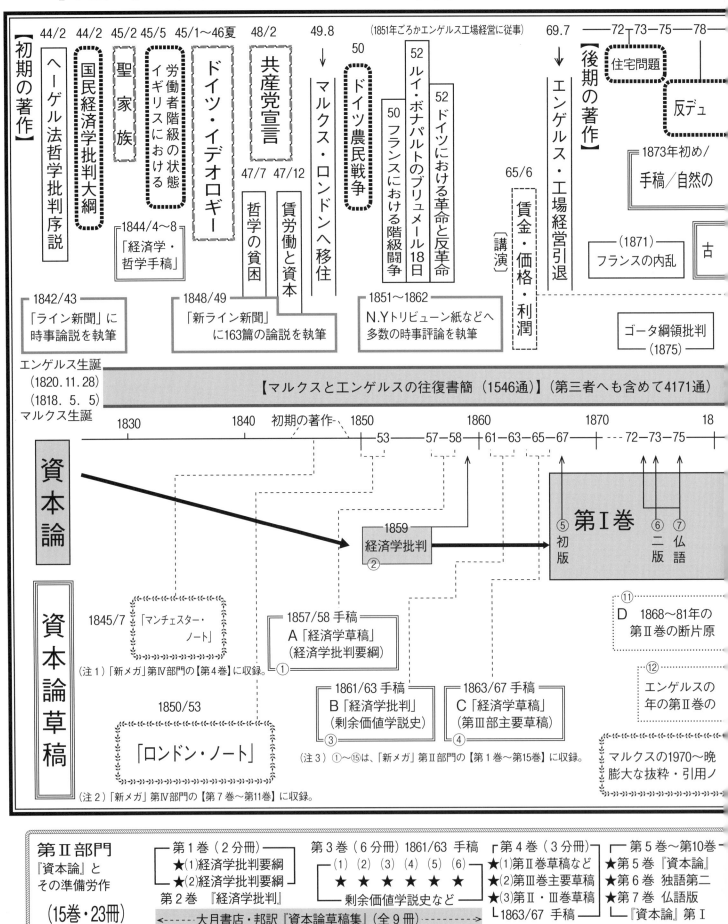

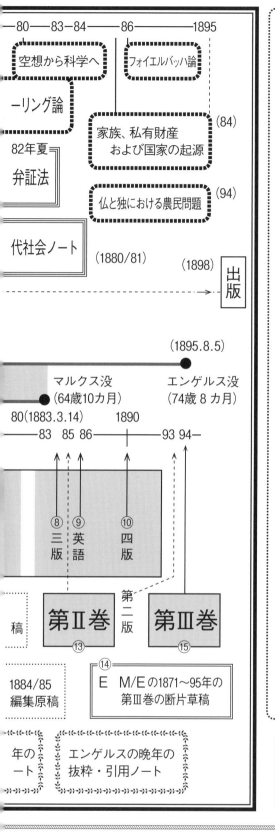

第4章 マルクスとエンゲルスは、『資本論』をどのように執筆・編集し、いつどのように公刊されてきたか

《【年表Ⅳ】では、マルクスとエンゲルスの理論活動、その文献を全体的に概観する》

【年表Ⅳ】は、『資本論』の成立と出版の歴史にかかわる年表です。マルクスとエンゲルスは『資本論』をどのように執筆・編集し、それらは、いつどのようにして公刊（出版）されてきたか、ということを、一目でわかるように一覧表にまとめてみたものです。これは、歴史年表というより、文献一覧表といったほうがよいかもしれませんが、ここではとりあえず年表と呼んでおきます。

最初に、【年表Ⅳ】の全体的な構成を説明しておきましょう。

右図で示すように、【年表Ⅳ】は、左から右へ、19世紀から20世紀、21世紀へと時間軸にそって描いてあり、次の三つの部分から構成されています。

① 19世紀のマルクスとエンゲルスの生涯と理論活動——「子持ち罫」で囲った左上の部分
② 20世紀の遺稿の公刊、旧メガとヴェルケ版全集——「点線の罫」で囲った真ん中の部分
③ 20世紀から21世紀へかけての新メガ公刊——「縄目の罫」で囲った右側と下の部分

これらの三つの構成部分のそれぞれについて、その内容を簡単に解説しておきましょう。

年表Ⅳ　マルクスとエンゲルスは『資本論』をどのように執筆し、編集・出版したか。「新メガ」はどのように刊行されているか。

1 マルクスとエンゲルスの生涯と理論活動、『資本論』の執筆・出版

(1) マルクスとエンゲルスの生涯、膨大な量の「往復書簡」

「マルクスとエンゲルスの生涯と理論活動」の欄では、横に引かれた中央の二つの横線がマルクスとエンゲルスの生涯を示す線（ここでは生涯線と呼んで

おきます）です。

　マルクスは、1818年5月5日に生まれて、83年の3月14日（64歳10か月）に亡くなっています（生涯線の下の横線）。エンゲルスは1820年11月28日に生まれて、95年8月5日（74歳8か月）に亡くなっています（生涯線の上の横線）。

　マルクスとエンゲルスの二つの生涯線の間には、両者の往復書簡を示しています。とりわけ1850年代から60年代にかけて、マルクスはロンドンに住み、エンゲルスはマンチェスターに住んでいたために、二人はひんぱんに手紙のやり取りをしました。これがマルクス・エンゲルス全集（ヴェルケ版）に収録されているものだけでも、1,546通も残っており、マルクスとエンゲルスの活動や理論の形成過程を研究するうえで、ひじょうに大事な資料になっています。

(2) 初期の理論活動

　生涯線の上の段は、左から『資本論』以外のマルクスとエンゲルスの重要な著作をあげてあります。この表では、1840年代から50年代初めまでを「初期の著作」、『資本論』初版（1867年）の発刊までの時期をはさんで、それ以後を「後期の著作」として区分してあります（この分け方は、あくまでも『資本論』を軸にした区分です。理論活動全体からみると、初期、中期、後期などに区分することができるでしょう）。

　マルクス、エンゲルスの著作を年代を追って見ていくと、1840年代の後半にいろいろな著作を発表しています。ここに書ききれない重要な論文もいろいろあります。たとえば1848年6月から49年5月にかけて、マルクスとエンゲルスは、「新ライン新聞」に163篇の論説を執筆しています。なお当時は公刊されなかった1844年の「経済学・哲学手稿」や1845〜46年の「ドイツ・イデオロギー」は、マルクス、エンゲルスの思想・理論の形成・発展のうえできわめて重要な意味をもっているので、ここにかかげてあります。

　マルクスは、1848年の「共産党宣言」、50年の「フランスの階級闘争」、52年の「ルイ・ボナパルトのブリュメール18日」を発表した後、しだいに経済学の研究に没頭していきます。1850年代から60年代にかけて、マルクスはロンドンで経済学の研究、エンゲルスは、マンチェスターで工場経営をしながら、マルクス家の生活を支える、こういう時代が続きます（先に述べた「往復書簡」の時期です）。また、この時期には、マルクスとエンゲルスは、「ニューヨーク・トリビューン」などの新聞に時事的な論文、情勢分析の論文をたくさん書いています。

　エンゲルスが、工場経営から引退したのが1869年（7月1日）ですから、1870年代に入ってからは、ふたたびエンゲルスの著作がいろいろ発表されています。この表の上の段の右側、これらは、みんなエンゲルスが執筆したものです。では、マルクスはなにをやっていたのでしょうか。マルクスは、『資本論』の完成のために、全力投球していたのです。

第4章　マルクスとエンゲルスは、『資本論』をどのように執筆・編集し、いつどのように公刊されてきたか　105

⑶　『資本論』とマルクスの経済学研究（「資本論草稿」）

　生涯線の下の段は、『資本論』の出版の経過、『資本論』とその準備のための
マルクスの「経済学批判」の草稿類（一般に「資本論草稿」と呼ばれています）
の書かれた経過をまとめてあります。『資本論』はマルクスにとって（そしてま
たエンゲルスにとっても）、文字通り、生涯をかけた大事業だったのです。

　『資本論』の初版が初めて世に出たのは、2017年から振り返ると150年前の
1867年９月でした。その年の８月16日に、マルクスは『資本論』第Ⅰ巻の最後
の校正を終わって、出版社へそのゲラ刷りを送り返してから、エンゲルスに手
紙でこう書いています。

　　　　「序文も昨日校正して返送した。つまり、この巻は完成したのだ。ただ
　　　君に感謝する、これができたということを！　君が僕のために自分を犠牲
　　　にしてくれなかったら、僕はこの途方もない大仕事を三巻にすることはと
　　　うていできなかったのだ。僕は君を抱きしめる、感謝にあふれて！」

　『資本論』第Ⅰ巻はマルクスの生きている間に、ドイツ語第二版とフランス
語版まで出版することができましたが、第Ⅱ巻、第Ⅲ巻は、マルクスは仕上げ
られずに、エンゲルスが引き継いで、十数年にわたり苦労に苦労を重ねて編集
して出版しました。第Ⅰ巻についていうと、初版を1867年に出してから、第二
版とフランス語版まではマルクスが生きている間に出版して、その後、第三版、
英語版、第四版（1890）がエンゲルスの手で出版されました。ですから、われ
われが読んでいる邦訳版は、この最後のドイツ語第四版をもとにしているわけ
です。

　マルクスとエンゲルスの生存中に出版された『資本論』（第Ⅰ巻、第Ⅱ巻、第
Ⅲ巻）の各版の経過は、表のなかでは、「網をかけた枠」で示しています。

　こうした経過で『資本論』全３巻は刊行されたので、理論内容を執筆したの
はマルクスですが、編集、出版するうえでは、エンゲルスの力がなかったら、
第Ⅱ巻、第Ⅲ巻は公刊できなかったのです。さらにそれだけではありません。
マルクスは、『資本論』の理論的な内容についても、絶えずエンゲルスに相談し
て、意見を聞いたり、いろいろと質問したりして、文字通り、内容的にも、エ
ンゲルスは協力者として重要な役割を果たしています。往復書簡を読むと、そ
の経過がよくわかります。

⑷　理論体系の基本は書き上げてあった。エンゲルスが編集して出版

　ここで留意すべきことは、マルクスは『資本論』第Ⅲ巻までの全体を草稿の
形で全部書き上げてから、第Ⅰ巻の清書、出版にとりかかったということです。
この表の「資本論草稿」の欄に二重の線でかこって、A、B、C、D、Eという
符号をつけてあります（なお、『資本論』各巻と「資本論草稿」に①〜⑮まで
の番号をつけてあるのは、のちに説明する「新MEGA」の第Ⅱ部門〔全15巻〕
の巻数に対応しています）。

こうした膨大な「資本論草稿」が残されており、それらを研究すると、『資本論』全3巻全体の理論的な骨組みは、第I巻の初版を出した1867年以前、ほぼ1865年頃までに書き上げてあったことがわかります。

ですから、『資本論』は、理論の内容から言えば、第III巻まで基本的な骨組みとしては完成していたといえます。ただそれを出版できるように、文章を練り上げて、清書するところまではおこなっていませんでした。いわば下書きの形で、誰にも見せずに、エンゲルスにも見せずに、書き溜めて置いてあったのです。

1883年3月にマルクスが亡くなってから、エンゲルスは、マルクスの遺稿を整理して、マルクスが出版できなかった『資本論』の第II巻、第III巻の編集にとりかかりますが、そのときにエンゲルスも初めてマルクスの草稿を読みました。そして、その理論的素晴らしさに本当にびっくりします。エンゲルスは、その驚きの気持ちを、いろいろな人に手紙に書いて送っています。そのなかで、マルクスの草稿は「完全な科学的な革命」だといっています。

エンゲルスは、マルクス遺構の編集にとりかかってから2年後の1885年に『資本論』第II巻を出版し、直ちに第III巻の編集を開始します。しかし、その後、さらに10年かかって、第III巻が出版されたのは、エンゲルスが亡くなる1年前の1894年でした。

2　20世紀 ── マルクス、エンゲルスの遺稿の公刊、旧MEGA、Werke（ヴェルケ）版全集

「20世紀のマルクス、エンゲルスの遺稿の公刊」は、マルクスとエンゲルスが死去してから後、19世紀末から20世紀に入ってからのマルクスとエンゲルスの遺稿文献の出版の経過を書いてあります。

エンゲルスが『資本論』第III巻を編集・出版してからのち、マルクスが『資本論』第IV巻として準備していた「剰余価値学説史」は、カール・カウツキーが編集して1905年〜10年にかけて公刊されました。しかし、このカウツキー版の「剰余価値学説史」は編集のやり方に大きな欠陥があり、第二次大戦後に旧ソ連邦のマルクス・レーニン研究所版として1956年から62年にかけてあらためて編集し直して発刊されました。

20世紀には、マルクスとエンゲルスの遺稿のなかから、「ドイツ・イデオロギー」「自然弁証法」「経済学・哲学手稿」「経済学批判要綱」などなど、さまざまな文献が、それぞれ単発の著作として発刊されました。

1920年代にマルクスとエンゲルスのすべての文献を網羅する計画のもとで「マルクス・エンゲルス全集」（Marx-Engels-Gesamtausgabe）の刊行が計画されました。「メガ」というのは、「MEGA」すなわちMarxのM、EngelsのE、そしてドイツ語で「全集」という意味のGとAをとってきて「MEGA」と書き、

カール・カウツキー
（1854〜1938）
ドイツ社会民主党と第二インターナショナルの理論家。最初は科学的社会主義の立場だったが、後に階級闘争による社会変革を否定する右翼日和見主義の立場に転落した。

日本ではメガと読んでいます。つまり、メガとは、Marx Engels Gesamtausgabe（頭文字をとって MEGA＝メガ）を短縮した言い方です。

この旧メガは、旧ソ連のマルクス・エンゲルス研究所のダヴィト・リャザーノフ指導のもとで編集され、1927年にフランクフルトで最初の巻が刊行されてから1935年までに、第Ⅰ部（『資本論』以外の著作）七巻8冊と第Ⅲ部（マルクス、エンゲルスの往復書簡）4冊と別巻1冊が刊行されました。旧メガは、大規模で網羅的、体系的な計画でしたが、刊行の途中で、ヒトラー・ナチズムの支配と当時のスターリン粛清の厳しい条件のもとで、計画そのものが途中で打ち切りとなってしまいました（なお、この戦前のメガは、現在刊行中の後述の「新メガ」と区別するために、一般に「旧メガ」と呼ばれています[注]）。

　（注）「旧メガ」の歴史、スターリンの圧力で打ち切りとなった経過について調べたいなら、早坂啓造「『第一次メガ（MEGA①）』をめぐる群像とその運命」（『経済』誌2001年3月号）を参照してください。

第二次大戦後、旧ソ連で1955年〜1966年に、新たに Marx-Engels-Werke（ロシア語版のマルクス・エンゲルス著作集）が発刊され、そのドイツ語版が東ドイツ（当時）のディーツ社から、1956年から1968年にかけて刊行されました。ロシア語版にもとづいたため、完全な『全集』とはいえないものでした（たとえばロシアの外交政策を批判した、『18世紀の外交史の暴露』が未収録になっていました）。

日本では、大月書店から、東ドイツ（当時）のディーツ社版を底本とした『マルクス、エンゲルス全集』の刊行が1959年10月から始まり、1975年までに本文巻全45冊を、さらに1991年にかけて補巻と別巻を刊行し、全53冊が完結しました。これまで日本で「マル・エン全集」といえば、この全53冊の「全集」のことを指しており、マルクス・エンゲルスの思想と理論を体系的に研究するために、重要な役割を果たしてきました。この「全集」は、次に述べる「新メガ」と区別するときは、「Werke（ヴェルケ）版全集」（著作集）と呼ばれています。もちろん著作集といっても、公表された論文や著作は基本的にすべて収録されており、さらに膨大な書簡なども収録されていますから、一般の常識からいえば「全集」というべきものです。今後も、従来の「マル・エン全集」の独自の意義が失われるわけではありません。

ダヴィト・リャザーノフ
（1870〜1938）

　ソ連邦の文献学者。1922年にマルクス・エンゲルス研究所所長、1925年に記録文献保管所（アルヒーフ）を設立。1927年から（旧）メガの編集を指導した。スターリンの粛清で1931年に逮捕され、1938年に処刑された。

Werke（ヴェルケ）版全集（マルクス・エンゲルス著作集）

第1巻—第22巻	2人の著作をあわせて年代順に収録
第23巻—第25巻（合計5冊）	『資本論』
第26巻（3分冊）	『剰余価値学説史』
第27巻—第39巻	2人の書簡を年代順に収録
第40巻	マルクス初期著作
第41巻	エンゲルス初期著作
補巻1-4	その他著作
別巻1-4	各種索引

> **(コラム１)「新メガ」の刊行状況の最新情報**
>
> 「新メガ」は、まだ刊行途中です。毎年、編集が終わった巻から、順次出版されています。その最新の刊行状況（2020年1月時点）は、【年表Ⅳ】のなかに★印で示してありますが、まとめると別表（111ページ）のとおりです（網の巻が既刊）。これから後の刊行の最新の情報を知るためには、「国際マルクス・エンゲルス財団」のホームページ（http://mega.bbaw.de/）を開いて、〔STRUKTUR〕のページを見ることによって得ることができます。

3　20世紀から21世紀へ──新 MEGA(メガ)の刊行が続く

【年表Ⅳ】の「20世紀から21世紀へかけての新 MEGA の公刊」の欄では、「新メガ」の内容に絞って、網目で囲った四つの部門（第Ⅰ部門～第Ⅳ部門）ごとに全体的な構成と、その現在までの公刊状況を示してあります。(注)

　　(注)　本書では、『資本論』の第Ⅰ巻～第Ⅲ巻と区別するために、「新メガ」の四部構成を「第Ⅰ部門」～「第Ⅳ部門」と表記することにします。

(1)　「新メガ」とは何か

「新メガ」とは、なにか。「メガ」という言葉については、すでに1920年代に最初の計画があり、途中まで刊行されたことを述べておきました（107ページ参照）。「新メガ」とは、この「旧メガ」と区別するための呼称、「新しいマルクス・エンゲルス全集」（新しい Marx-Engels-Gesamtausgabe）のことです。

「新メガ」は、マルクスとエンゲルスが生きていた時代に、二人が発表した論文や著作はもちろん、死後に発見された論文、二人が発表を予定していなかった膨大な草稿、抜粋ノート、メモ、書簡など、マルクスとエンゲルスが書き残したありとあらゆる文献的資料のいっさいを、すべてもらさずに年代順に収録するという、文字通り、マルクスとエンゲルスの完全な全集です。

こうしたマルクスとエンゲルスの「大全集」の計画は、『資本論』第Ⅰ巻初版刊行100周年にあたる1967年の頃から始まり、1975年に最初の巻の刊行が開始されました。それから現在（2020年1月）までに、すでに67巻（75冊）が刊行されていますが、まだ刊行途中にある未完の全集です。20世紀の後半から21世紀の前半にかけての、まさに世紀をまたぐ大事業であり、最終的には全114巻という膨大な全集となります。

「新メガ」の刊行は、単に科学的社会主義の立場に立つ人々だけで

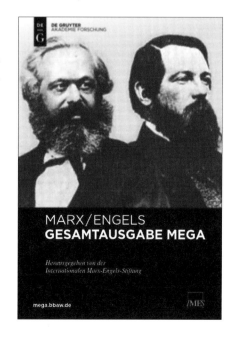

> **（コラム2）「新メガ」の原本を入手する方法**
>
> 「新メガ」（原書）は、洋書の輸入を扱う書店（極東書店、ナウカ、丸善など）に注文すれば、誰でも購入することができます。これらの書店に在庫があればすぐに入手できますが、もし在庫がなければ輸入して取り寄せることになります。価格は、そのときの為替レートによって変動しますが、たとえば、「第Ⅱ部門・第14巻『資本論』第三部断片草稿（1871～95年）」の場合は、1100ページで、2万7397円となっています（「極東書店」のホームページより。2016年11月1日閲覧）。詳しくは、前述の書店に問い合わせれば、在庫、価格など、最近の情報を得ることができます。

はなく、思想信条を問わずに、すべての人々にとって、マルクスとエンゲルスという「人類の知的宝庫」の扉が広く開かれるという意味で、画期的な意義をもっています。

(2) 「新メガ」の四つの部門

「新メガ」（全114巻）は、大きく四つの部門に分けられ、次のように構成されています。

第Ⅰ部門「著作・論文」（32巻）

第Ⅱ部門「『資本論』および準備労作」（15巻23冊）

第Ⅲ部門「書簡」（35巻）

第Ⅳ部門「抜粋、メモ、覚書など」（32巻）

これらの四つの部門は、それぞれ同時並行的に編集作業がすすめられ、各部門とも、編集作業が終わった巻から、順次出版されています。

とりわけ『資本論』をはじめとするマルクス、エンゲルスの経済学に関する著作の創造的な研究のために、マルクスが『資本論』を執筆する過程で作成した膨大な草稿などの「準備労作」の探究が求められます。その意味で、「新メガ」第Ⅱ部門の刊行は、『資本論』の研究を新たな段階に引き上げる意義をもっています。すでに、「新メガ」の第Ⅱ部門は全15巻（23冊）の出版が完結しており、それをもとに『資本論』の新たな創造的な研究が始まっています。

ところで、先に述べたように、われわれは、すでに全53冊のヴェルケ版の「マル・エン全集」をもっています。大月書店から邦訳も完結しており、これまで日本で「マル・エン全集」といえば、この全53冊の「全集」のことを指していました。この、従来の「マル・エン全集」は、厳密に言えば「全集」（Gesamtausgabe）というより「著作集」（Werke）です。

しかし、現在刊行中の「新メガ」では、従来の「マル・エン全集」には収録されていなかったマルクスとエンゲルスの未発表の草稿やノートなどが初めてそれぞれの原語ですべて公表されます。また、従来の「マル・エン全集」に収

録されている、すでに発表された論文、著作でも、その後に発見された新しい文献資料の考証などによって明らかとなった研究成果をもとに、新たな編集や注解がなされています。

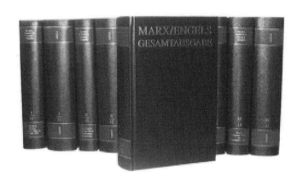

　たとえば、「ロンドン・ノート」といわれるマルクスの1850年代前半の経済学研究の膨大なノートも、「新メガ」で初めて公刊されますが、このノートだけで5巻にわたっています。

　このように収録文献が拡充されただけでなく、「マル・エン全集」第1巻に収録されていた「シュトラウスとフォイエルバッハの審判者としてのルター」のように、マルクスの作品でないことが判明し、収録されなくなった文献もあります。

　もう一つ、ヴェルケ版「マル・エン全集」と「新メガ」の大きな違いは、前者の底本がドイツ語版であるのにたいして、後者はいわゆる国際版であることです（国際版とは、それぞれの著作が、マルクスとエンゲルスが執筆したままの原語〔独語・英語・仏語など〕で収録されているということです）。

　「新メガ」も、旧ソ連や旧東欧諸国の崩壊によって、さまざまな困難な問題に直面しましたが、旧メガのように中途で挫折しないように、日本の研究者を含め、全世界の支援と協力のもとで「国際マルクス・エンゲルス財団」（Internationale Marx-Engels-Stiftung〔IMES〕）が組織され、そのもとで編集・発行が継続されています。

(3) 「新メガ」第Ⅱ部門＝「『資本論』とその準備労作」

　「新メガ」の編集・発行で、いちばん注目されてきたのが、第Ⅱ部門の「『資本論』およびその準備労作」（全15巻、23冊）です。マルクスのもっとも中心的な著作である『資本論』については、マルクスは何度も何度も書き直した膨大な量の草稿（いわゆる「資本論準備労作」）が残されています。この第Ⅱ部門に『資本論』を研究するために重要なマルクスの膨大な未発表の草稿類が初めて完全な形で編集・収録されています。この「資本論準備労作」のなかには、たとえば「1857―58年のノート」（『経済学批判要綱』の名で呼ばれてきた）や「1861―63年のノート」（『剰余価値学説史』を含む）などなど、これまでも部分的に公表されてきましたが、その全体が完全にすべて公刊されるのは、「新メガ」が初めてです。

　たとえば現行の『資本論』第Ⅲ巻のもとになったマルクスのオリジナル草稿（1865年の主要草稿）も、第Ⅱ部門第四巻第二分冊（1445ページ）として初めて公刊されました。この「新メガ」のマルクスのオリジナル原稿の研究によって、『資本論』第Ⅲ巻のなかの、たとえば「信用論」などを中心として、新たな研究が始まっています。

「新メガ」の刊行状況
（2020年1月時点）

第Ⅰ部門	第Ⅱ部門	第Ⅲ部門	第Ⅳ部門
著作・論文	資本論と草稿	書簡	抜粋・メモ
1	1①	1	1
2	②	2	2
3	2	3	3
4	3①	4	4
5	②	5	5
6	③	6	6
7	④	7	7
8	⑤	8	8
9	⑥	9	9
10	4①	10	10
11	②	11	11
12	③	12	12
13	5	13	13
14	6	14	14
15	7	15	15
16	8	16	16
17	9	17	17
18	10	18	18
19	11	19	19
20	12	20	20
21	13	21	21
22	14	22	22
23	15	23	23
24		24	24
25		25	25
26		26	26
27	○は分冊を示す	27	27
28		28	28
29		29	29
30		30	30
31		31	31
32		32	32
		33	
		34	
		35	
23	15	14	15

網カケの巻は既刊＝合計67巻
（資料）IMESのHPより

なお、すでに発刊された「新メガ」第Ⅱ部門のうち、その第1巻から第3巻までは、大月書店から『資本論草稿集』（9分冊）として邦訳・出版されています。

⑷　ソ連、東独の崩壊後、国際的事業となった「新メガ」

　「新メガ」は、企画の出発した最初の時点では、旧ソ連共産党中央委員会附属マルクス・レーニン主義研究所と旧東ドイツ社会主義統一党中央委員会附属マルクス・レーニン主義研究所が編集・公刊にあたっていました。しかし、旧ソ連・東欧諸国の崩壊によって両研究所ともなくなり、その後は、オランダのアムステルダムにある社会史国際研究所に本拠を置く「国際マルクス・エンゲルス財団」が「新メガ」の編集・公刊の責任を担うようになっています。このように編集体制が変わってからは、「新メガ」の編集作業もマルクス・エンゲルス研究の国際的な協力ですすめられるようになり、日本の研究者も積極的に編集活動に参加し、大きな貢献をしています。

　【年表Ⅳ】には、現在（2017年1月末）の時点までに刊行済みの巻と、これから予定されている巻とを一覧表のなかでわかるように★印で示してあります。全体では114巻ですが、第Ⅱ部門の「『資本論』および準備労作」は、巻によって、数冊に分冊されていますから、本の冊数としては、114巻よりも相当多くなります。

　またそれぞれの巻は、テキスト（本文）を収めた部分と詳細な新メガ編集者の異文や注などを収めたアパラート（付属資料）部分が分冊形式に分けてあります。それぞれの巻によって厚さは違いますが、ほとんどの巻が500ページ以上あり、なかには2,000ページ前後の分厚いものもあります。

112

あとがき ── 『資本論』を深く読むために

　『資本論』を深く理解するには、繰り返し、繰り返し、何度も読むことが、なによりも大事です。繰り返し読めば、読むたびに、なんらかの新しい発見があり、理解が深まるのを感じます。「読書百遍義自ずから見る」とは中国の『三国志』に出てくる故事ですが、まさに至言だと思われます。

　筆者は、20歳の青年時代に初めて『資本論』を紐解いてから、もうかれこれ半世紀以上にもなります。この間に、さまざまな機会に、いろいろな方々といっしょに、『資本論』を読んできました。『資本論』を何度も読んでいるうちに感じたことは、『資本論』のなかには、マルクスの論理的な思考方法と歴史的な思考方法が深くからみあっているということです。『資本論』の歴史的な思考方法が深まれば深まるほど、『資本論』の論理的な思考方法の理解も深まります。もちろん、その逆もあります。

※　　※　　※　　※

　『資本論』を深く理解するために、もう一つ大事なことは、『資本論』はやはり全3巻を読むことがぜひとも必要だということです。もちろん、第Ⅰ巻は資本主義的生産様式と生産関係の本質的な内容を見事に解明しており、それ自体で独立した意味をもっています。第Ⅰ巻を読むならば、それだけで資本主義社会の経済的本質を深く理解することができます。『資本論』第Ⅰ巻を読むことは、それだけで十分な意義があることは言うまでもありません。

　しかし、留意すべきことは、第Ⅰ巻の次元では、資本主義的生産関係（資本・賃労働の搾取関係）の解明に焦点をあてているために、やむをえないとはいえ、第Ⅲ巻でとりあげる「全体として考察された資本の運動過程から生じてくる具体的諸形態」は方法論的に捨象されているということです。これは論理的な体系として経済理論を展開するために必要な方法論的捨象です。

　そのことを私が痛感したのは、『資本論』第Ⅰ巻第一篇「商品と貨幣」、とりわけ「貨幣論」の理解を深めるなかでのことでした。現実の資本主義の歴史では、18世紀から19世紀にかけて、貨幣制度における金本位制の確立と近代的信用制度の発展とは、深く絡み合いながらほとんど同時的に進行します。しかし、『資本論』第Ⅰ巻第一篇の「貨幣論」の次元では「信用制度」は方法論的に捨象されています。これは、貨幣の生成とその本質を解明するためには「信用制度」を前提にする必要がないからです。むしろ「信用制度」を捨象したほうが貨幣の生成と本質を明らかにできるからです。

　とはいえ、現実の資本主義の歴史的な諸現象は「具体的諸形態」で存在しています。第Ⅲ巻まで読み進むことによって、ようやく資本主義における貨幣現

象の現実的な「具体的諸形態」をとらえることができるようになります。第Ⅲ巻まで読み進んで、はじめて「貨幣・信用」現象の歴史的展開が見えてきます。マルクスが第Ⅲ巻の冒頭で述べているように、第Ⅲ巻まで読み進んで、はじめて「日常の意識のなかに現われる形態に、一歩一歩、近づく」ことができるからです。ですから、『資本論』を深く理解するためには、やはり第Ⅲ巻まで読み進むことが必要です。

　本書の第1章のなかで、「貨幣制度の確立」（23ページ）について解説するために、「金本位制の成立」と「信用制度の発展」との関係にまで、やや立ち入って述べたのは、それが論理的な思考方法と歴史的な思考方法との関係をつかむのにわかりやすい事例だと考えたからです。

　歴史年表を作成することの意味は、まさにこうした論理的な思考方法と歴史的な思考方法との関係を具体的な事例で考察できる点にあります。

※　　※　　※　　※

　「はじめに」で述べたように、本書は、筆者がこれまでに『資本論』の読書会、勉強会のなかで、参考資料として配布してきた手作りの年表をまとめたものです。もともと最初から出版物として準備したものではありませんでした。ですから、筆者の『資本論』の読み方、理解の仕方にもとづいた年表です。筆者が、このような年表を作成したのは、『資本論』の論理的思考方法についての参考文献は多数あるのに、その歴史的思考方法について参考になるものがほとんどないことを感じていたからです。

　『資本論』を貫いている歴史的思考方法は、歴史年表を自分で作成することによって、より実践的に身につけることができるようになります。本書の読者の方々にぜひお勧めしたいことは、本書の年表を一つの手がかりにして、それぞれの自家製の年表を作成してみていただきたいということです。

　マルクスも、『資本論』を執筆する過程で、膨大な歴史年表をつくっていたことが知られています。そうした歴史年表のデータは、古代から近世にいたるまで、大判のノート4冊で、じつに1600ページにおよぶといわれています（ちなみに、本書の第4章で紹介した「新メガ」では、第Ⅳ部門の第27巻が「古代史」、第29巻が「世界史年表」にあてられています）。

※　　※　　※　　※

　『資本論』を貫いている歴史的な思考方法は、ただ過去の過ぎ去った歴史を理解するために必要なのではありません。過去からつながっている「現在」を深く理解するためにも必要であり、なによりもまた、現在を土台にして切り開く「未来社会」を科学的に展望するためにも、歴史的な思考方法が必要です。

「『資本論』を読むための年表」というタイトルを付けた本書のなかに、マルクス、エンゲルスが亡くなってから100年以上にもなる現代の資本主義についての年表——【年表Ⅲ】を収録したのは、『資本論』を深く理解するためには、現代の資本主義について研究することが不可欠だと考えているからです。なぜなら、マルクス、エンゲルスにとっては、『資本論』はまさに「（当時の）現代資本主義論」そのものでした。『資本論』を深く理解するためには、『資本論』の研究と「現代資本主義」の研究を切り離すべきではありません。切り離さないことが、『資本論』の神髄を21世紀に生かすことだと思います。

【年表Ⅲ】について解説した本書の第3章は、「20世紀末から21世紀初頭の世界と日本」について、『資本論』の歴史的な思考方法と論理的な思考方法にもとづいた筆者なりの「現代資本主義論」のデッサンの一部を提示したものになっています。そのために、かなり大胆な仮説的な意見を展開することになりました。第3章をお読みいただいた方のなかには、いろいろなご意見、ご批判も多々あろうかと思います。この点については、マルクスが『資本論』初版の序言の末尾にかかげた言葉——「科学的批判にもとづくいっさいの意見を歓迎する」（①、13ページ。原書、17ページ）という言明を、そのまま借りておきます。

※　　※　　※　　※

本書のテキスト部分（序章～第4章）は、すべて基本的に新たに書き下ろしたものですが、内容的には、筆者がこれまでに発表した次の論文や著作をもとにしています。

①「現代に生きる『資本論』」（『月刊学習』1997年10月号～11月号）

②『新メガとは何か』（『経済』2002年6月号）

③『「新自由主義」とはなにか』（新日本出版社、2006年）

④『変革の時代、その経済的基礎－日本資本主義の現段階をどうみるか』（光陽出版社、2010年）

⑤『アベノミクスと日本資本主義』（新日本出版社、2014年）

また、筆者が執筆した雑誌、新聞への時事的な論評記事については、一つ一つ出所をあげませんでしたが、部分的には、その記述を利用してあります。

最後に、本書の出版にあたっては、大判の複雑な年表の作成などを含め、たいへん手数のかかる編集・製版作業が求められました。学習の友社・出版部、労働者教育協会事務局の皆さんには、筆者の意図を活かせるように編集工程をていねいに進めていただきました。心から感謝します。

友 寄 英 隆

2017年3月31日

【著者略歴】

友寄 英隆（ともより・ひでたか）

1942年生まれ。一橋大学経済学部卒、同大学院修士課程修了。
月刊誌『経済』編集長など歴任。
現在、労働者教育協会理事。

【著書】

『生活感覚の日本経済論』（1984年、新日本出版社）
『「新自由主義」とは何か』（2006年、新日本出版社）
『変革の時代、その経済的基礎』（2010年、光陽出版社）
『「国際競争力」とは何か』（2011年、かもがわ出版）
『大震災後の日本経済、何をなすべきか』（2011年、学習の友社）
『「アベノミクス」の陥穽』（2013年、かもがわ出版）
『アベノミクスと日本資本主義』（2014年、新日本出版社）
『アベノミクスの終焉、ピケティの反乱、マルクスの逆襲』（2015年、かもがわ出版）
『アベノミクス崩壊』（共著、2016年、新日本出版社）
『戦後70年の日本資本主義』（共著、2016年、新日本出版社）
『「一億総活躍社会」とはなにか── 日本の少子化対策はなぜ失敗するのか』（2016年、
かもがわ出版）
『「人口減少社会」とはなにか── 人口問題を考える12章』（2017年、学習の友社）
『AI と資本主義── マルクス経済学では こう考える』（2019年、本の泉社）

『資本論』を読むための年表　世界と日本の資本主義発達史

発行　2017年 4 月25日　初　版
　　　　　 7 月 7 日　　第 2 刷
　　　2020年 4 月15日　第 3 刷

　　　　　　　　　　　　　　　　　　　　　　　著　者　　友寄 英隆

発行所　　学習の友社
〒113-0034　東京都文京区湯島2-4-4
TEL 03（5842）5641　FAX03（5842）5645
振　替　00100-6-179157
印刷所　株式会社新後閑

落丁・乱丁がありましたらお取り替えします。
本書の全部または一部を無断で複写複製（コピー）して配布することは、著作権法上の例外を除き、著作者および出版社の権利侵害になります。小社あてに事前に承諾をお求めください。
©Hidetaka Tomoyori 2017
ISBN978-4-7617-1442-0